中国铁路改革
研　究　丛　书

铁路债务处置研究

左大杰 ▲ 著

图书在版编目（CIP）数据

铁路债务处置研究 / 左大杰著. —北京：中国发展出版社，2017.8
ISBN 978-7-5177-0747-9

Ⅰ. ①铁… Ⅱ. ①左… Ⅲ. ①铁路企业—债务管理—研究—中国
Ⅳ. ①F532.6

中国版本图书馆CIP数据核字（2017）第199884号

书　　名：铁路债务处置研究
著作责任者：左大杰
出 版 发 行：中国发展出版社
（北京市西城区百万庄大街16号8层　100037）
标 准 书 号：ISBN 978-7-5177-0747-9
经　销　者：各地新华书店
印　刷　者：三河市东方印刷有限公司
开　　本：710mm × 1000mm　1/16
印　　张：14
字　　数：188千字
版　　次：2017年8月第1版
印　　次：2017年8月第1次印刷
定　　价：40.00 元

联 系 电 话：（010）68990630　68990692
购 书 热 线：（010）68990682　68990686
网 络 订 购：http://zgfzcbs. tmall. com//
网 购 电 话：（010）88333349　68990639
本 社 网 址：http://www.develpress. com. cn
电 子 邮 件：bianjibu16@vip. sohu. com

丛书前言

我国铁路改革始于20世纪70年代末。在过去的近40年里，铁路的数次改革均因铁路自身发展不足或改革的复杂性而搁置，铁路改革已大大滞后于国家的整体改革和其他行业改革，因而常被称为“计划经济最后的堡垒”。2013年3月，国家铁路局和中国铁路总公司（以下简称铁总）分别成立，我国铁路实现了政企分开，铁路管理体制改革再一次成为行业研究的热点。

以党的十八届三中全会为标志，全面深化铁路改革已经站在新的历史起点上。在新的时代背景下全面深化铁路改革，必须充分考虑当前我国的国情、路情与铁路行业发展中出现的新的关键问题，并探索解决这些关键问题的方法。经过较长时间的调研与思考，作者认为当前深化铁路改革必须解决如下十二个关键问题。

第一，铁路的国家所有权问题。国家所有权政策是指有关国家出资和资本运作的公共政策，是国家作为国有资产所有者要实现的总体目标，以及国有企业为实现这些总体目标而制定的实施战略。目前，如何处理国家与铁路之间的关系，如何明确国有经济在铁路行业的功能定位与布局，以及国有经济如何在铁路领域发挥作用，是全面深化铁路改革在政策层面的首要关键问题。

第二，铁路网运关系问题。铁路网运合一、高度融合的经营管理体制，是阻碍社会资本投资铁路的“玻璃门”，也是铁路混合所有制难以推进、公益性补偿机制难以形成制度性安排的根源，因而是深化铁路改革难以逾越的体制性障碍。如何优化铁路网运关系，是全面深化铁路改革在技术层面的首要关键问题。

第三，铁路现代企业制度问题。党的十八届三中全会明确提出，必须适应市场化、国际化的新形势，进一步深化国有企业改革，推动国有企业完善现代企业制度。我国铁路除了工程、装备企业之外，铁总及所属十八个铁路局、三个专业运输公司绝大多数均不具有现代企业制度的特点，公司制、股份制在运输主业企业中还不够普遍。

第四，铁路混合所有制问题。发展铁路混合所有制不仅可以提高铁路国有企业的控制力和影响力，还能够提升铁路企业的竞争力。当前我国铁路运输主业仅有三家企业（分别依托三个上市公司作为平台）具有混合所有制的特点，铁总及其所属企业国有资本均保持较高比例甚至达到100%，铁路国有资本总体影响力与控制力极弱。

第五，铁路投融资体制问题。“铁路投资再靠国家单打独斗和行政方式推进走不动了，非改不可。投融资体制改革是铁路改革的关键，要依法探索如何吸引社会资本参与[①]。”虽然目前从国家、各部委到地方都出台了一系列鼓励社会资本投资铁路的政策，但是效果远不及预期，铁路基建资金来源仍然比较单一，阻碍社会资本进入铁路领域的“玻璃门”依然存在。

第六，铁路债务处置问题。铁总在政企分开后承接了原铁道部资产与债务，这些巨额债务长期阻碍着铁路的改革与发展。铁总2016年负债已达4.72万亿元（较上年增长15%），当年还本付息就达到6203亿（较上年增长83%）；随着《中长期铁路网规划（2016-2030）》（发改基础[2016]1536

① 2014年8月22日，国务院总理李克强到中国铁路总公司考察时做出上述表示。

号）的不断推进，如果铁路投融资体制改革不能取得实质性突破，铁路债务总体规模将加速扩大，铁路债务风险将逐步累积。

第七，铁路运输定价机制问题。目前，铁路运输定价、调价机制还比较僵化，适应市场的能力还比较欠缺，诸多问题导致铁路具有明显技术优势的中长途以及大宗货物运输需求逐渐向公路运输转移。建立科学合理、随着市场动态调整的铁路运价机制，对于促进交通运输供给侧结构性改革、促进各种运输方式合理分工，具有重要意义。

第八，铁路公益性补偿问题。我国修建了一定数量的公益性铁路，国家铁路企业承担着大量的公益性运输。当前铁路公益性补偿机制存在制度设计缺失、补偿对象不明确、补偿方式不完善、补偿效果不明显、监督机制缺乏等诸多问题。公益性补偿机制设计应从公益性补偿原理、补偿主体和对象、补偿标准、保障机制等方面，形成一个系统的制度性安排。

第九，铁路企业运行机制问题。目前，国家铁路企业运行机制仍受制于铁总、铁路局两级法人管理体制，在前述问题没有有效解决之前，铁路企业运行的有效性和市场化不足。而且，铁总和各铁路局目前均为全民所有制企业，实行总经理（局长）负责制，缺乏现代企业制度下分工明确、有效制衡的企业治理结构，决策与执行的科学性有待进一步提高。

第十，铁路改革目标路径问题。十八届三中全会以来，电力、通信、油气等关键领域改革已取得重大突破，但关于铁路改革的顶层设计尚未形成或公布。个别非官方的改革方案对我国国情与铁路的实际情况缺乏全面考虑，并对铁路广大干部职工造成了较大困扰。“十三五”是全面深化铁路改革的关键时期，当前亟须结合我国铁路实际研讨并确定铁路改革的目标与路径。

第十一，铁路改革保障机制问题。全面深化铁路改革涉及经济社会各方面的利益，仅依靠行政命令等形式推进并不可取。只有在领导组织、法律法规、技术支撑、人力资源以及社会舆论等保障层面形成合力，完善铁路改革工作保障机制，才能推进各阶段工作的有序进行。目前铁路改革的组织领导保障、法律法规保障、技术支撑保障、人力资源保障、社会舆论环境等方面没有形成合力，个别方面还十分薄弱。

第十二，铁路监管体制问题。铁路行业已于2013年3月实现了政企分开，但目前在市场准入、运输安全、服务质量、出资人制度、国有资产保值增值等方面的监管还比较薄弱，存在监管能力不足、监管职能分散等问题，适应政企分开新形势的铁路监管体制尚未形成。

基于上述对铁路改革发展12个关键问题的认识，作者经过广泛调研并根据党和国家有关政策，初步形成了一系列研究成果，定名为“中国铁路改革研究丛书”，主要包括12本专题和3本总论。

①《铁路的国家所有权政策研究》：铁路的国家所有权政策问题是全面深化铁路改革在政策层面的首要关键问题。本书归纳了国外典型行业的国家所有权政策的实践经验及启示，论述了我国深化国有企业改革过程中在国家所有权政策方面的探索，首先阐述了铁路国家所有权政策的基本概念、主要特征和内容，然后阐述了铁路的国家所有权总体政策，并分别阐述了铁路工程、装备、路网、运营、资本等领域的国家所有权具体政策。

②《铁路网运关系调整研究》：铁路网运关系调整是全面深化铁路改革在技术层面的首要关键问题。本书全面回顾了国内外网络型自然垄断企业改革的成功经验（特别是与铁路系统相似度极高的通信、电力等行业的改革经验），提出了“路网宜统、运营宜分、统分结合、网运分离”的网运关系调整方案，并建议网运关系调整应坚持“顶层设计+自下而上”的路径进行。

③《铁路现代企业制度研究》：在现代企业制度基本理论的基础之上，结合国外铁路现代企业制度建设的相关经验以及国内相关行业的各项实践及

其启示，立足于我国铁路建立现代企业制度的现状，通过理论研究与实践分析相结合的方法，提出我国铁路现代企业制度建设的总体思路和实施路径，包括铁总改制阶段、网运关系调整阶段的现代企业制度建设以及现代企业制度的进一步完善等实施路径。

④《铁路混合所有制研究》：本书认为，我国国家铁路企业所有制形式较为单一，亟需通过混合所有制改革扩大国有资本控制力，扩大社会资本投资铁路的比重，但是网运合一、高度融合的体制是阻碍铁路混合所有制改革的“玻璃门”，前期的铁路网运关系的调整与现代企业制度的建立为铁路混合所有制改革创造了有利条件。本书在归纳分析混合所有制政策演进以及企业实践的基础上，阐述了我国铁路混合所有制改革的总体思路、实施路径、配套措施与保障机制。

⑤《铁路投融资体制研究》：以铁路投融资体制及其改革为研究对象，探讨全面深化铁路投融资体制改革的对策措施。本书在分析我国铁路投融资体制改革背景与目标的基础上，借鉴其他行业投融资改革实践经验，认为铁路产业特点与网运合一体制是阻碍社会资本投资铁路的主要原因。本书研究了投资决策过程、投资责任承担和资金筹集方式等一系列铁路投融资制度，并从投融资体制改革的系统性原则、基于统分结合的网运分离、铁路现代企业制度的建立、铁路混合所有制的建立等方面提出了深化铁路投融资体制改革的对策措施。

⑥《铁路债务处置研究》：在分析国内外相关企业债务处置方式的基础上，根据十八大以来党和国家国有企业改革的有关政策，提出应兼顾国家、企业利益，采用“债务免除”、“债转资本金”、“债转股”、“产权（股权）流转”等措施合理处置铁路巨额债务，并结合我国国情、路情以及相关政策，通过理论研究和实践分析，提出了我国铁路债务处置的思路

与实施条件。

⑦《铁路运输定价机制研究》：在铁路运价原理的基础上阐述价值规律、市场、政府在铁路运价形成过程中的作用，阐述了成本定价、竞争定价、需求定价三种方式及其适用范围，研究提出了采用成本定价法并考虑合理的公共需求合理确定顶棚运价（政府指导价）、采用成本定价法合理确定列车运行线价格、采用市场与需求定价方法合理确定市场执行运价等方法，并建议对公益性运输实行“明补”。

⑧《铁路公益性补偿机制研究》：分析了当前我国铁路公益性面临补贴对象不明确、补贴标准不透明、制度性安排欠缺等问题，认为公益性补偿机制设计应从公益性补偿原理、补偿主体和对象、补偿标准、保障机制等方面，形成一个系统的制度性安排，并从上述多个层面探讨了我国铁路公益性补偿机制建立的思路和措施。

⑨《铁路企业运行机制研究》：本书认为，国家铁路企业运行机制仍受制于铁总、铁路局两级法人管理体制，企业内部缺乏分工明确、有效制衡的企业治理结构。本书在归纳分析国外铁路企业与我国典型网络型自然垄断企业运行机制的基础上，提出了以下建议：通过网运关系调整使铁总“瘦身”成为路网公司；通过运营业务公司化，充分发挥运输市场竞争主体、网运关系调整推动力量和资本市场融资平台三大职能；通过进一步规范公司治理和加大改革力度做强做优铁路工程与装备行业；从日益壮大的国有资本与国有经济中获得资金或资本，建立铁路国有资本投资运营公司，以铁路国资改革促进铁路国企改革。

⑩《铁路改革目标与路径研究》：本书回顾了国外铁路以及我国国有企业改革目标与路径的实践及其启示，根据党和国家关于国企改革的一系列政策，首先提出了铁路改革的基本原则（根本性原则、系统性原则、差异性原

则、渐进性原则、持续性原则），然后提出了我国铁路改革的目标和“六步走”的全面深化铁路改革路径，并对“区域分割”、“网运分离”、“综合改革”三个方案进行了比选，最后从顶层设计、法律保障、人才支撑等方面论述了铁路改革目标路径的保障机制。

⑪《铁路改革保障机制研究》：在分析我国铁路改革的背景及目标的基础上，从铁路改革的组织保障、法律保障、政策保障、人才保障和其他保障等方面，分别阐述其现状及存在的问题，并借鉴其他行业改革保障机制的实践经验，结合国外铁路改革保障机制的实践与启示，通过理论研究和分析，提出了完善我国铁路改革保障机制的建议，以保证我国铁路改革相关工作有序推进和持续进行。

⑫《铁路监管体制研究》：通过分析我国铁路监管体制现状及存在的问题，结合政府监管基础理论及国内外相关行业监管体制演变历程及经验，提出我国铁路行业监管体制改革的总体目标、原则及基本思路，并根据监管体制设置的一般模式，对我国铁路监管机构设置、职能配置及保障机制等关键问题进行了深入分析，以期为我国铁路改革提供一定的参考。

在12个专题的基础上，考虑到部分读者时间和精力有限，作者将全面深化铁路改革的主要观点和建议进行了归纳和提炼，撰写了3本总论性质的读本：①《全面深化铁路改革：总论》、②《全面深化铁路改革：N问N答》、③《全面深化铁路改革：总体构想与实施路线》。特别是《全面深化铁路改革：N问N答》一书采用一问一答的形式，对铁路改革中的一些典型问题进行了阐述和分析，便于时间和精力有限的读者阅读。

本丛书的主要观点和建议，均为作者根据党和国家有关政策并结合铁路实际展开独立研究而形成的个人观点，不代表任何机构或任何单位的意见。

感谢西南交通大学交通运输与物流学院为丛书研究提供的良好学术环

境。丛书的研究成果获得西南交通大学中央高校基本科研业务费科技创新项目（26816WCX01）的资助，部分研究成果由西南交通大学中国高铁发展战略研究中心资助出版。感谢中国发展出版社编辑宋小凤女士在本书出版过程中所给予的大力支持，以及在出版工作中付出的辛勤劳动。

本丛书以铁路运输领域理论工作者、政策研究人员、政府部门和铁路运输企业相关人士为主要读者对象，旨在为我国全面深化铁路改革提供参考，同时也可供其他感兴趣的广大读者参阅。

总体来说，本丛书涉及面广，政策性极强，实践价值高，写作难度很大。但是，考虑到当前铁路改革发展形势，迫切需要出版全面深化铁路改革系列丛书以表达作者的思考与建议。限于作者知识结构，以及我国铁路改革本身的极其复杂性，本丛书难免有尚待探讨与诸多不足之处，恳请各位同行专家、学者批评指正（意见或建议请通过微信\QQ：54267550发送给作者），以便再版时修正。

西南交通大学　左大杰

2017年7月

前 言

我国铁路经过三十几年不间断的改革，现在已经进入了最后的攻坚阶段。除铁路之外，对国民经济有重大影响的垄断性产业的改革和重组均已进入了市场意义上的运作阶段。

在过去高度集中的经济管理体制下，我国铁路企业没有经营管理自主权，一切经营管理活动由国家计划严密控制，企业既没有实施战略管理的必要性，也没有施行战略管理的可能性。近些年来，随着我国经济体制和经济增长方式不断发生根本性的变革，铁路企业的经营环境和企业自身状况也都发生了深刻的变化，目前铁路的经营管理体制和经营管理观念明显落后于市场经济的需要。铁路固有的行业传统和长期计划经济体制下形成的一整套生产、经营、管理观念根深蒂固，严重制约着铁路企业的改革和发展。在这种情况下，全面深化铁路改革，打破旧的体制框架显得十分迫切。

中国铁路总公司及其所属十八个铁路局（集团公司、公司）等企业均为大型国有企业。党的十八届三中全会明确提出，国有企业改革必须适应市场化、国际化的新形势，必须以规范经营决策、资产保值增值、公平参与竞争、提高企业效率、增强企业活力、承担社会责任为重点，进一步完善国有企业现代企业制度的建设。在这一新的时代背景下，作为全面深化铁路改革的重要组成部分，合理解决铁总巨额债务刻不容缓。

铁路债务处置有许多方式：可通过体制改革解决债务困局，可通过债权管理降低债务风险，可从融资角度解决债务问题，也可通过产权（股权）流转等市场化手段处理铁路债务。虽然处理铁路债务方法有很多种，但是可行的方法很少。或者说在适合的时机运用适合的方法才是问题关键所在。本书提出比较新颖的处理方案：随铁路体制改革，在适当时机运用债务免除、债转资本金、债转股以及产权（股权）流转四种手段综合处置铁路巨额债务。

本书共分为8章。第1章为绪论，讲述研究背景、研究现状、目标与意义等，主要从宏观角度讲述国有企业改革背景以及铁路改革背景，并从债务角度阐述铁路改革的迫切性与必要性。第2章基本理论，涉及国有企业所有制形式、企业债务、企业重组、产权理论以及资本结构理论，旨在为读者理解后文做铺垫（感谢硕士研究生陆柳洋对于本章的主要贡献）。第3章为我国铁路债务现状与风险分析，涉及内容有铁路债务形成、铁路债务现状分析以及铁路债务风险分析，旨在使读者了解中铁总负债的具体情况，体现铁路债务处置刻不容缓。第4章为国外铁路企业改革进程中债务处理的实践与启示，着重分析了日本国铁的改革过程以及相关启示，再以德国、法国铁路改革作为内容补充。第5章为我国国有企业改革过程中债务处置实践与启示，内容涉及国企债务免除实践、转增资本金实践、债转股实践以及产权（股权）流转实践，最后以银行债务改革为例，阐述在体制改革过程中该如何运用债务处置手段。第6章为我国铁路改革过程中的债务处置，分别从债务免除、转增资本金、债转股以及产权（股权）流转四个方面展开分析，阐述债务处置手段的实施条件和实施途径。第7章为保障机制，分为组织保障、法律保障、政策保障以及人才保障，旨在为铁路改革保驾护航（感谢硕士研究生徐跃华对于本章的主要贡献）。第8章为全书的总结与展望。

本书在写作过程中参考了相关文献，由于参阅的文献较多，难免出现挂一漏万的情况，对所有作者表示衷心的感谢。

本书由西南交通大学中国高铁发展战略研究中心合作研究专项经费资助出版。

由于我国全面深化铁路改革理论与实践仍在快速发展中，以及编著者水平和能力所限，本书中难免会存在不足，欢迎批评指正。

作者

2017年6月于成都

目　录

第一章 绪论

本章主要从宏观角度介绍国有企业、铁路行业改革历程，并从铁路债务角度阐述铁路债务处置的迫切性和必要性。其中1.1节主要包含4个层面：全面深化改革背景、国有企业改革历程、中国铁路改革历程、当前铁路债务发展现状。1.2节主要讲述债务处置研究现状、债务处置目标以及债务处置的意义。1.3节总结全书所涉及的研究内容，技术路线与创新点。

1.1 研究背景

1.1.1 全面深化改革背景

改革是一个国家、一个民族的生存发展之道。破解重大难题，关键在于全面深化改革。我国在中国共产党的带领下，从积贫积弱的半殖民半封建国家逐步发展成为富强民主的社会主义国家，截至2017年成为仅次于美国的第二大经济体。与此同时，我国改革也进入了深水区和攻坚区。国有企业改革是整个经济体制改革的中心环节。建立和完善社会主义市场经济体制，实现公有制与市场经济的有效结合，最重要的是使国有企业形成适应市场经济要求的管理体制和经营机制。所以，巩固国有企业改革成果，继续深化改革至关重要。

十八大以来以习近平同志为核心的党中央就全面深化改革议题进行深入的探讨与实践。2013年11月12日，十八届三中全会通过了《中共中央关于全面深化改革若干重大问题的决定》（下面简称《决定》）。该《决定》中指出“公有制为主体、多种所有制经济共同发展的基本经济制度，是中国特色社会主义制度的重要支柱，也是社会主义市场经济体制的根基。公有制经济和非公有制经济都是社会主义市场经济的重要组成部分，都是我国经济社会发展的重要基础。必须毫不动摇巩固和发展公有制经济，坚持公有制主体地位，发挥国有经济主导作用，不断增强国有经济活力、控制力、影响力。必须毫不动摇鼓励、支持、引导非公有制经济发展，激发非公有制经济活力和创造力”。《决定》中还明确提到“推动国有企业完善现代企业制度”。国有企业属于全民所有，是推进国家现代化、保障人民共同利益的重要力量。国有企业总体上已经同市场经济相融合，必须适应市场化、国际化新形势，以规范经营决策、资产保值增值、公平参与竞争、提高企业效率、增强企业活力、承担社会责任为重点，进一步深化国有企业改革。

在全面深化改革背景下，电力、民航、电信等国有大型企业都将继续深化相应的产权改革。我国航空运输企业部分已经通过上市融资等手段从一元化股权结构转为多元化股权结构。但是仍存在问题且较为突出的是多元化股权结构中往往还是国有股一股独大，严重阻碍民间资本的进入，因此混合所有制改革是目前国有企业改革的重点。十八届二中全会上，会议提出《国务院机构改革和职能转变方案》（下面简称《方案》），该《方案》中提到实行铁路政企分开，原铁道部拆分为承担政府职能的国家铁路局和承担企业职能的铁路总公司，由此拉开铁路政企分离，逐步实现现代化的步伐。

1.1.2 国有企业改革历程

1. 1978～1984年：放权让利阶段

我国国有企业产权改革始于1978年党的十一届三中全会，这不仅是重大历史事件，更是国有企业产权改革的标志性事件。邓小平同志在我国改革开放中担当总设计师角色，曾发表《解放思想，实事求是，团结一致向前看》著名讲话，指出我国国有企业产权改革是围绕社会经济体制而开展的，给出我国国有企业产权改革的历史背景。在1978～1984年期间，我国国有企业产权改革并未真正提上日程，在该阶段改革的重点是农村经济体制，标志着我国经济体制改革正式拉开帷幕，为我国后续改革奠定基础。

邓小平同志在党的十一届三中全会明确指出我国国有企业存在的主要问题，认为我国经济管理体制过于集中权力，在后续改革中应大胆地、有计划地下放经济管理体制权力，赋予地方政府、基层生产队、企业更多的经营自主权和管理自主权。尤其指出，我国最迫切的任务是扩大基层生产队和厂矿企业自主权，充分发挥生产队和企业的主动创造性。同时，邓小平还指出应强化我国企、事业单位的管理制度，解决各级单位、机关中存在的无人负责问题，加强责任制的落实，还指出要应用科学的经济方法实行经济管理工作。非常明显，在此阶段中，邓小平同志讲话中经济体制方面的论述，包括农村改革和企业改革，而此阶段的企业改革为国有企业改革、国营企业改革。所以，此阶段中，党的十一届三中全会指出最迫切解决的国有企业问题。

1978～1984年期间的改革重点是农村经济体制，国有企业产权改革的实施措施并不多，该阶段主要围绕放权让利制定措施，可从有限分离的所有权和经营权、国家和企业分配关系规范两方面考察，主要实施的措施有：

第一，立法形式放权让利，实行国有企业改革的厂长负责制，对企业及其负责人（厂长）的权利进行明确划分。为了调动国有企业积极性，国务院相继颁布出台多项条例和规定，对国有企业放权让利进行说明。如，1979年《关于扩大国营工业企业经营管理自主权的若干规定》中指出：在国家计划指导下，国营工业企业作为基本的从事工业生产经营单位实行独立经济核算；1981年《国营工业企业职工代表大会暂行条例》中指出：在党委领导下，国营企业应健全职工代表大会制；1982年《国营工厂厂长工作暂行条例》、1983年《国营工业企业暂行条例》中指出：在党委领导下，国营企业实行厂长负责制；企业是法人，厂长是企业法人代表；厂长是企业行政领导人，并全面负责、统一指挥企业生产经营状况以及行政工作。

第二，对企业和国家之间的利润分配关系进行改革，企业不需要全部上缴利润，国务院相继出台颁布了一系列措施，如利润留成、企业扩权和利润包干等。如，1979年7月《关于国营企业实行利润留成的规定》、1980年《关于国营工业企业利润留成试行办法》，规定对国营工业企业利润实行留成办法，即企业利润增长部分中，上缴国家60%，企业留成40%，企业留成部分中用于企业发展的占据60%，用于职工福利奖金的占据40%。这些措施，改变了企业利润全部上缴国家的制度，对企业积极性有积极作用。

第三，出台“拨改贷”和“利改税”两大措施。1979年开始实行“拨改贷”试点推行，在上海市、北京市和广东省旅游、轻纺等行业开始试点推行，在1980年推行至基本建设投资项目，即将独立核算且有还贷能力的基本建设项目的预算内拨款改为贷款，在1985年后，全国推行“拨改贷”措施；1980年开始实行“利改税”试点推行，在我国18个省市进行数百户企业推行，是一项企业和国家利润分配关系的重大改革，将企业和国家之间的利润分配关系法律化，促使企业实现自负盈亏、自主经营。“利改税”改革前，企业利润全部上缴国家，但是不负有法定责任，很多企业就会出现恶意欠缴、拖延利润等行为，然而不属于违法行为；“利改税”改革后，企业和国家之间的利润分配关系发生质的变化，与改革前所有人身份收取利润不同，国家可依法征税，企业按照章程纳税成为法定义务，改革前后截然不同。

1978～1984年期间，我国出台了一系列措施，对国有企业经营管理积极性有积极作用，然而在当时改革开放初期大背景下，我国国民经济中“国营企业”（国有企业）仍占据主导地位和支配地位。

1978～1984年期间，国有企业产权改革理论主要表现在以下五方面：

第一，在国家所有制和全民所有制的关系处理方面，指出国家所有制仅为全民所有制的一种形式，意味着对企业的改革不仅仅是经营模式的改革，还包括对国有企业存在形式的改革，为国有企业改革明确方向。

第二，在经营目标方面，指出国有企业应遵循“以利润为中心”的商品经济原则，不应排斥经营利润。

第三，在经营机制方面，指出国有企业应构建顺应商品经济发展的经营机制，充分发挥基于统一计划的市场机制作用。

第四，在企业地位方面，国有企业应冲破传统行政机关附属物的地位，逐渐形成独立生产、独立经营的地位，转变传统不能自负盈亏的认知。

第五，在分配关系方面，不断探索政企关系，对企业所有权、企业经营权进行关系探索。

在深入探讨国有企业产权改革理论的同时，相关实践活动也得到不断推进。1978年，我国四川省选择6家国营工业企业，以重庆钢铁公司为试点推行“扩大企业自主权”措施；1979年5月，我国六大部门集原国家经贸委和财政部等部门联合推行国有企业扩权试点，包括首钢在内的8家大型国有企业为试点企业；1979年7月，我国国务院出台管理体制改革文件，如《关于国营企业实行利润留成的规定》《关于扩大国营工业企业经营管理自主权的若干规定》等，出台企业经营管理自主权扩大实施措施。在此阶段中，以放权让利为主的改革思路对国有企业主动性有积极作用，赋予国有企业一定程度的经营自主权，协调了企业和国家的关系。在1982年末，在我国县属以上的范围内，国有企业中约80%推行工业经济责任制。但是，由于该阶段仍处于计划经济体制大背景，仍实行以行政命令为主的资源配置手段，并未真正改变计划经济体制，导致国有企业实行的放权让利措施难以建立行之有效的激励机制。

2. 1984～1992年：承包经营阶段

我国国有企业产权改革的起步阶段是1984～1992年，改革重点是实行两权分离，以更好地增强国有企业活力。

1984年10月，我国召开的十二届三中全会出台了《关于经济体制改革的决定》（以下简称《决定》），并指出我国经济体制改革条件已经基本具备，可以正式制定并实施国有企业产权改革蓝图，应以城市为中心开展经济体制改革，推进改革建设步伐。自此，国有企业产权改革以经济体制改革为中心，增强企业活力，其中企业主要包括建筑业、商业、工业、交通业、服务业在内的城市企业。

从《决定》中可以看到我国国有企业在该阶段的发展状况。1984年，我国约有100万家城市企业，约有8000余万职工，城市企业的利润（上缴税收+自留利润）占据80%以上的财政收入，充分说明了城市企业（国有企业）在当时国民经济中的地位以及作用。《决定》明确指出我国现行经济体制存在诸多弊端，主要集中在企业活力缺失方面，尤其强调国有企业活力的缺失。同时，指出国有企业缺失活力的主要原因在于国家对企业的严重控制，所以要以城市为中心实施经济体制改革，正确处理两方面关系：第一，正确处理国家和企业之间的关系，企业自主权应适当扩大；第二，正确处理企业和职工之间的关系，确立职工在企业的主体地位。

这两方面的关系中，第一种关系强调给企业放权，给企业负责人放权，即“放权”；第二种关系强调给企业让利，给企业职工让利，即“让利”，实行放权让利措施，以调动国有企业积极性。

在1984～1992年期间，我国国有企业产权改革基于《决定》指导，着眼于增强国企活力，通过承包经营、放权让利、两权分离等措施，对企业和国家之间的经营管理关系进行规范，下放适当自主权给企业，搞活国有企业，降低国企亏损，提高国企盈利。

第一，国有企业普遍设立承包经营责任制。继1984年试点推行的“拨改贷”和“利改税”措施后，在国有企业所有权和经营权两权分离的原则下，国有企业进一步对企业和国家之间的经营管理关系进行规范调整，确立企业和国家之间的授权经营关系——承包经营责任制。国务院相继出台规定、条例，对承包经营责任制进行规范说明，如1984年《关于进一步扩大国营工业企业经营管理自主权的暂行规定》中对国有企业十几方面的经营自主权给予下放，包括机构设置、物资采购、资产处置、生产经营计划、人事劳动管理、资金使用、工资奖金、价格、产品销售、联合经营等；1988年2月《全民所有制工业企业承包经营责任暂行条例》明确规范企业和国家之间建立承包经营责任制；1992年《全民所有制工业企业转换经营机制条例》在明确政府职责基础上，对14项国有企业经营自主权进一步明确。

第二，《企业破产法》出台试行。全国人大及全国人大常委会相继于1986年颁布出台《中华人民共和国民法通则》和《中华人民共和国破产法（试行）》。前者以民事基本法对我国企业法人制度第一次予以规定，对我国国有企业的法人实体地位形式进行确立；这两部法律具有非常重要的意义，标志着我国国有企业改革前“只生不死”的体制弊端消除，我国民商法制度初步确立。虽然这一时期，《破产法》仍然是试行，但是对于那些经营不善、经营亏损、资不抵债的国有企业来说，意味着实行清算破产、退出市场程序有了法律依据，还意味着我国企业破产标准的确立，标志企业破产时代的来临。

第三，《企业法》出台推行。全国人大常委会在1988年颁布出台《中华人民共和国全民所有制工业企业法》对国家减少对国有企业直接干预有积极作用，从法律层面规范了国有企业所有权和经营权的两权分离原则（确立国有企业自主经营权）、国有企业的权利和义务、国有企业的法律地位，特别对国有企业的厂长负责制、国有企业的职工民主管理、国有企业党组织的作用和地位等基本内容进行明确。《企业法》中明确规定：国有企业（全民所有制工业企业）依法取得法人资格，是自主经营、独立核算、自负盈亏的商品经营单位，以其经营管理的财产为基准承担民事责任。这说明，国有企业逐渐摆脱了传统作为国家政府附属物的关系，对明确企业和国家之间关系向前迈出一步。

1984～1992年期间，关于国有企业产权改革的理论主要表现在五个方面：

第一，在全民所有制工业企业经营管理方面，指出并非全体人民经营，也非国家直接经营，而是实行所有权和经营权的两权分离原则，即国有企业的所有权归属于国家，经营权真正归属企业。

第二，在国有企业经营权利方面，要积极转换国有企业的经营机制，对国有企业的合法权益进行保护，真正做到国有企业自主经营、自我发展、自负盈亏、自我约束。

第三，在国有企业经济运行机制方面，有机结合计划经济和市场调节理论，逐渐形成“国家—市场—企业”运营模式，即“国家调节市场+市场引导企业”，健全社会主义市场体系，充分发挥市场机制作用。

第四，国家对国有企业的管理要逐渐转向间接管理为主的宏观调控，即以政府宏观调控为导向，建设宏观调控体系。

第五，以公有制为主，实行多种所有制形式，分配形式以按劳分配为主。

在1984～1992年期间，承包经营责任制推行实现了两权分离原则，促进计划经济体制向市场经济体制的转换，在新旧体制转换中发挥着积极作用，对企业自主权给予一定程度的进一步落实，增强了国有企业的活力，国有企业财务责任也适度加强，尤其使企业和国家之间的关系发生转变，促进政企分离，企业不再完全受国家、政府命令。然而，承包经营责任制也存在局限性，没有明确界定企业和国家的权责利，限制了企业的自主经营权，否认企业的财产权，界定所有权归属国家，未能真正实现国有企业自主经营、自我发展、自负盈亏、自我约束，尚需进一步转变国有企业改革的战略思想。

3. 1992～1997年——建立社会主义市场经济

该阶段为社会主义市场经济建立阶段，尤其要强调1992年南方谈话背景下，标志着我国迈入经济体制改革的重要年份，如1992年的南方谈话、1992年的十四大、1993年11月十四届三中全会颁布出台的《关于建立社会主义市场经济体制若干问题的决定》等，对我国经济体制改革具有划时代意义。

第一，社会主义市场经济体制的建立。1984年颁布出台的《决定》在当时条件下，可以说是在党的会议上首次提出改革市场经济体制，是一次理论和实践的全新、大胆构想，具有重大意义。1993年十四届三中全会则具有划时代意义，明确提出改革经济体制，建立社会主义市场经济体制；而且同年

3月，《宪法》修正案通过指出“国家实行社会主义市场经济”，标志着国有企业改革迈入全新时代。

第二，提出现代企业制度的国有企业改革方向。1993年颁布出台的《关于建立社会主义市场经济体制的决定》中明确提出：“转机建制”是国有企业改革目标，即在市场经济的要求下，对国有企业的经营机制进行深化转换，建立现代企业制度，即“政企分开+产权清晰+管理科学+权责明确”。对于我国国有企业改革而言，是指基于现代产权理论，创新国企制度、调整国企战略，实行国企产权改革，推行国企股份制改造。

第三，颁布出台《公司法》，从此取代“企业制”。全国人大常委会于1993年12月，颁布出台《中华人民共和国公司法》，标志着我国国有企业改革建立现代企业制度有了法律保障。

第四，推行试点“优化资本结构”。优化资本结构标志着我国国有企业产权改革的起点，也是国有企业产权改革的关键措施。十四届四中全会后，“优化资本结构”发生变化，从原来的放权让利、增强国企活力重点，转向国有企业产权改革，是我国国有企业改革理论、思想的重要突破，也是国企改革的突破前提。

第五，国务院出台“59号文件”，以企业破产作为解决国有企业经营困境的途径，然而企业破产执行难度较大。1984年颁布出台试行《企业破产法》，国企改革面临重要课题：国企破产可行性问题；1993年试点推行“优化资本结构”，但国有企业破产问题并没有取得新突破。国有企业破产问题被搁置，企业破产仅能够在非国有领域试点推行；基于此背景，1994年国务院出台“59号文件”，提出国企破产是国企困境改革的途径。

第六，提出并实施国有企业“抓大放小”的战略改革。国有企业产权改革路径梳理过程中，要厘清脉络，紧抓关键事件、关键会议、关键讲话以及关键文件等。

4. 1997～2002年——公有制多样化实现形式

1992～2002年期间，为公有制多样化实现形式的探寻阶段。在此阶段中，1997年9月召开的党的十五大明确提出国有企业产权改革实行股份制重要形式，对公有制实现形式进行探寻；1997年9月，党的十五大指出对所有制结构进一步调整和完善，对公有制多样化实现形式进行探寻，调整我国国有经济战略性布局。

第一，颁布出台“国发10号文”，大规模展开国有企业的政策性关闭破产。继1994年试点推行国企破产，国务院于1997年出台《国务院关于在若干城市试行国有企业兼并破产和职工再就业有关问题的补充通知》，拉开国有企业分流富余职工的工作和大规模展开国有企业的政策性关闭破产的序幕。

第二，医疗保险制度和养老制度出台试行。国务院基于“实施下岗职工再就业工程+规范破产+鼓励兼并”指导思想，要求对下岗职工进行妥善安置，鼓励少破产、多兼并国有企业，针对国有企业下岗职工建立再就业中心，稳步推进国有企业的破产工作。如1997年7月《国务院关于建立统一的企业职工基本养老保险制度的决定》、1998年6月《关于切实做好国有企业下岗职工基本生活保障和再就业工作的通知》、1998年12月《关于建立城镇职工基本医疗保险制度的决定》、1999年2月《关于进一步做好国有企业下岗职工基本生活保障和企业离退休人员养老金发放工作有关问题的通知》等，党中央要求对“三条保障线”、“两个确保”严格落实执行。

第三，制定国有企业改革三年脱困目标。1997年在党的十五届一中全会中明确指出：要在三年左右实现多数国有企业摆脱经营亏损的困境，并于本世纪末期让多数国有企业实行现代企业制度；国务院于1998年年初，制定了未来三年国有企业改革脱困实施规划；截至2000年年底，经国务院批准，我国国有企业共有5335家实行兼并破产，2086亿元银行呆坏账进行核销。

第四，实行政企分开经营原则。国有企业政企分开改革的主要内容为：

中央企业不再由中央国家机关直接管理，而将其交由我国设立的大型企业工委经营管理；地方管理中小企业，并将其进行市场化改制；不再经商办政法机关、军队。

第五，改革垄断行业。继稳步推进的国有企业改革，也拉开了垄断行业的改革序幕。1998年开始改革垄断行业，如先行重组的石化行业、分离邮政和电信行业、改革电信行业、改革电力体制、改革民航体制等，相继拉开垄断行业的改革进程。同时，国有企业的股份制改革也向前推进，实行兼并破产工作；后续开展有色金属行业、煤炭行业和军工企业的重组、下放改革等。

1992～1993年期间开展的国有企业经营机制转换改革取得了一定的成绩，然而在改革中仍面临产权不明、政企不分、企业负担重等矛盾及问题，对国有企业改革造成一定的阻碍，制约其进一步改革发展，国企亏损问题仍严重。截至1993年年底，国有企业股份制改革工作推进速度较快，全国已有3800多家国有企业试点股份制改革，但是仍面临改革不到位问题，尤其是国有企业股份制改革中占据大部分股权的国有股代理主体不明确，使得难以规范运作企业法人治理结构。

1993～1995年期间开展现代企业制度建设的试点工作，对公有制进行改革，在产权主体多元化、产权制度、法人治理结构和有效制衡机制方面改革取得一定的成效。其中，国有企业公司改革后有66.67%的实现公司注册登记，有84.5%的公司制实现不同形式，50%以上企业总经理受聘于改制后的董事会，并且改革在总经理职权行使、用工制度、企业和社会性服务机构相分离方面取得较好效果。

1995～1998年期间开展国有企业“抓大放小”改革，将重点转移至调整、改组以及优化配置国有企业的存量资产，构造国有企业多元投资主体，创新国有企业制度，创设国有企业治理结构，进一步深化国有企业产权改革。然而，在国有企业“抓大放小”改革实践中，“放小”国有企业并非一味地出售国有小企业，而是有机结合多种形式，彻底解决“出售”国有小企业的弊端。国家经贸委于1998年7月颁布出台《关于制止出售国有小企业成风有关问题的通知》，对“出售”国有小企业之风给予纠正，提出要严格按照十五大精神，对国有小企业改革要采取承包经营、联合、租赁、股份合作制、兼并、改组、出售等多种形式改革，针对国有小企业的实际状况，选择恰当的财产组织形式，彻底改变国有小企业“出售”唯一的改制形式，增强国有小企业改制活力。1999年2月颁布出台《关于出售国有小型企业中若干问题意见的通知》也明确规范了我国“放小”国有企业改制问题，即出售国有小企业的问题。

1998～2002年期间开展国有企业产权改革建立现代企业制度，从以下四方面正确认知现代企业制度：第一，公有制经济可以通过股份制改革实现，将股份制作为公有制经济的实现形式并非私有化国有企业产权；第二，国有企业转机建制的完善新阶段是建立企业法人治理结构；第三，为了使多数国有企业摆脱亏损经营困境，在党的十五届一中全会中提出实施“三改一加强”的国有企业改革方针，即“改革+改组+加强管理”，国有企业建立现代企业制度；第四，有机结合社会主义和市场经济的途径之一就是建立现代企业制度，即“政企分开+产权清晰+管理科学+权责明确”。

5. 2003～2013年：规范推进阶段

第一，制定国有资产出资人制度。党的十六大明确规定：我国中央政府以及地方政府作为国家的代表，对国有企业履行出资人职责，依据相关法律法规，同样拥有国有企业的所有者权益，在对国有企业权利、责任和义务相统一的基础上，建设有机结合管人、管资产、管事的国有资产管理体制；同时，中央政府以及地方政府设立两级国有资产管理机构，对国有资产的经营方式和体制进一步探索。

第二，国有金融改革取得工作突破，开始对大型国有金融企业实施股份制改革。在2003年年底，开始启动对国有商业银行的股份制改革，以中国银行、中国建设银行为首开展境外战略投资和境内外股票上市等工作。自此，国有金融企业建立全新的产权（股权）流转机制，并正式进入国内国际资本市场。2004~2006年期间，基本完成了国有企业的股权分置改革，将国有股上市流通。这标志着我国国有产权的市场化，是我国资本市场的里程碑，再次创新了国有产权制度改革，让国有产权资本化、市场化，真正实现国有产权（股权）流转，也开辟了国有产权退出市场的通道。同时，我国还集中整顿了证券公司，对管理不善、亏损严重、经营不善的证券公司进行清理关闭，通过查处违法违纪行为共关闭30多家证券公司。

第三，修订《企业破产法》并颁布实施。2006年对《企业破产法》进行修改后出台实施；2007年3月颁布出台《中华人民共和国物权法》，明确规定我国社会主义实行市场经济，对市场主体的发展权利和平等法律地位进行保障，除去国有产权外，非国有产权也取得平等法律地位。可以看出，在市场经济背景下，我国国有产权作为市场主体已经理想回归。

2008年爆发国际金融危机，我国国有企业为应对金融危机发挥了重要作用，国内外对国有企业也有了新的认识。第一，在应对2008年国际金融危机时，我国国有企业充分发挥了经济发展的“稳定器”作用，我国政府也相继出台了一系列的经济刺激计划，对稳定我国经济、稳定就业市场、稳定居民人心发挥重要作用。第二，国家以宏观调控的经济干预手段，实现对经济的适度干预。在市场机制尚未完善建立的背景下，国家干预经济的便利、有效手段就是国有企业。

2002年11月召开的十六大，提出要不断完善基本经济制度，对国有资产管理体制进行深化改革，对国有经济结构和布局继续调整，对公有制的有效、多样实现形式进一步探索，国有企业基于现代企业制度的需求，继续公司制规范改革，法人治理结构健全完善。党中央委员会第三次会议于2003年10月14日召开并通过《中共中央关于完善社会主义市场经济体制若干问题的决定》，从全新的高度提出产权制度，提出产权包括债权、知识产权、物权和股权等各类财产权，是所有制的主要内容，也是所有制的核心。建立现代产权制度，即“权责明确+归属清晰+流转顺畅+保护严格”。现代产权制度对公有制经济的主体地位有巩固作用，对公有财产权有维护作用；对非公有制经济的发展有促进作用，对私有财产有保护作用；对混合所有制经济发展有推动作用，实现各类资本重组流动；增强企业活力，构建良性市场秩序，搭建良好信用基础。现代产权制度为各类产权保护提供法律依据，以健全的产权交易规则以及产权监管制度，保障市场主体的发展权利以及平等的法律地位，利于产权（股权）流转有序进行，不仅是现代企业制度的重要基础，更是基本经济制度完善的内在要求。

同时，为进一步规范国有经济的改革发展，国资委相继颁布一系列国有企业改革以及国有资产管理的相关政策法规。如，2003年5月《企业国有资产监督管理暂行条例》、2004年《企业国有产权转让管理暂行办法》、2005年4月《企业国有产权向管理层转让暂行规定》、2005年8月《企业国有产权无偿划转管理暂行办法》、2015年《关于深化国有企业改革的指导意见》等。另外，我国各级政府相继组建地方国资委，在国有资产监管的制度框架指导下，稳步推进国有资产管理工作。

2008年国际金融危机爆发后，相关研究学者对我国国有企业改革的看法存在不同的看法。如，部分学者在我国国有企业应对国际金融危机后，充分认识国有企业的作用，认为国有企业具有社会主义国家的制度性优势，对国有企业的作用夸大，甚至误读；部分学者则认为我国政府为应对金融危机制定经济刺激计划，在短期内国有企业快速扩张投资规模，投资领域大大扩张，甚至对一些国有企业不适宜投资的领域（房地产等）都有所增加，意味着国有资本大量进入我国市场，势必给民间资本造成压力，产生“挤出效应”，带来问题。

6. 2013年以来：全面深化改革阶段

2013年11月12日中国共产党第十八届中央委员会第三次全体会议通过《中共中央关于全面深化改革若干重大问题的决定》。《决定》特别强调了“推动国有企业完善现代企业制度”。面对新形势新任务，全面建成小康社会，进而建成富强民主文明和谐的社会主义现代化国家、实现中华民族伟大复兴的中国梦，党和人民必须齐头并进，破除万难，在新的历史起点上全面深化改革，不断增强中国特色社会主义道路自信、理论自信、制度自信。

2015年9月13日，中共中央国务院印发《关于深化国有企业改革的指导意见》。该《指导意见》肯定了国有企业自改革开放以来为推动经济社会发展、保障和改善民生、开拓国际市场、增强我国综合实力作出了重大贡献。但是国有企业仍然存在一些亟待解决的突出矛盾和问题，一些企业市场主体地位尚未真正确立，现代企业制度还不健全，国有资产监管体制有待完善，国有资本运行效率需进一步提高；一些企业管理混乱，内部人控制、利益输送、国有资产流失等问题突出，企业办社会职能和历史遗留问题还未完全解决；一些企业党组织管党治党责任不落实、作用被弱化。这是新时期指导和推进国企改革的纲领性文件，从总体要求到分类改革、完善现代企业制度和国资管理体制、发展混合所有制经济、强化监督防止国有资产流失等方面提出国企改革目标和举措：①国企改革到2020年在重要领域和关键环节取得决定性成果；②国有企业将分为商业类和公益类；③积极引入各类投资者实现国有企业股权多元化；④混合所有制改革不设时间表[①]。

2015年9月24日，国务院印发《关于国有企业发展混合所有制经济的意见》（以下简称《意见》）。《意见》作为《中共中央国务院关于深化国有企业改革的指导意见》的配套文件，明确了国有企业发展混合所有制经济的总体要求、核心思路、配套措施，并提出了组织实施的工作要求。

1.1.3 中国铁路改革历程

1949年成立中央人民政府铁道部至今，铁道部历经多次变革。1986年，

---

① 来自2015年9月13日新华社“新华视点”微博报道。

铁道部在铁路业内部首次实行“大包干”改革；1996年铁道部首次正式提出“上下分离”的改革模式；但很快就在2002年再次提出“网运合一”模式；2003年铁道部推进铁路主辅分离改革，但是在管理体制方面无根本性的改革；2008年国务院开展大部制改革，基于国情和铁路特性仍保留了铁道部。2013年3月，全国两会在北京召开，期间决定撤销铁道部，实行政企分开，将其行政职责并入交通运输部，同时组建中国铁路总公司承担企业职责，铁路发展与改革迈入了新的阶段。

从20世纪80年代中期开始，中国铁路运输就出现了全面短缺状态，铁路运输能力不足成为制约国民经济发展的主要瓶颈之一。为了推进铁路运输业快速发展和缓解运输压力，铁道部进行了一系列的渐进式改革。

1986年，铁道部在铁路业内部首次实行“大包干”改革，将计划、财务、人事、物资等权力下放到各铁路局，实行“以路建路”和“以路养路”的经济承包责任制，6年后因事故频发改革中止。

1996年铁道部成立铁路总体改革办公室，提出了铁路“上下分离”的改革方案。

2000年和2003年铁道部又向国务院分别提交了“网运分离”方案和“网运合一、区域竞争”的改革方案。2000年8月，铁道部长傅志寰提出并公布“网运分离”的改革方案——铁道部第一次对外公布铁路行业战略性改组方案：用10年时间，把铁路路网与运输营业分离；组建一家负责铁路建设、分配路网能力和承担指挥职能的国家路网公司，成立数家使用路网运输经营的完全独立的市场主体的多种所有制客货运公司；实施新财务制度，客货网分账核算。“网运分离”思路，主要参考英国的铁路运营和管理体制，被各界认为是有创新的可行方案，代表世界主流的改革方向，但由于各方利益的扯皮掣肘、试行过程中引发问题、运力不足的客观现实、英国模式的本身争议，在确保正常运营的压力下，最终2002年被决策层搁置否决，撤销客运公司。

2003年铁路业改革的主导权由铁道部移交至发展改革委。铁路业搁置了根本性改革，遵循“跨越式发展”的思路，以发展代替改革，集中力量推动大规模的铁路建设，以期解决铁路运输能力与日益增长的国民经济发展需求之冲突。2003年，铁道部提出“网运合一，区域竞争”改革方案。主要参考美国和加拿大的铁路运营和管理体制，主要内容是国家铁路总公司下组建多个铁路运输集团公司及铁路建设投资公司开展区域竞争。可以在短期内解决政企分开和政资分开的问题，系统震动较小，改革成本较低，是现实改组方案。但干线系统的肢解有悖于运输的完整性和连续性，无法实现市场竞争和没有解决垄断问题，结果未能得到国务院批准和因功效甚微被搁置被放弃。同年6月28日，铁路部高层主持“铁路跨越式发展研讨会”提出“跨越式发展”战略，确定上海铁路局、兰州铁路局和青岛铁路分局为主辅分离的3家试点单位。后“主辅分离”改革全面展开。

2005年，铁道部撤销全部41个分局，实行“铁道部—铁路局—站段”的三级管理体制，并对铁路投融资体制进行改革，推动地方铁路建设和铁路企业股份制改造上市。当时称为中国铁路最大的内部改革，但专家认为，改革并未触动铁道部“统一运输计划、统一核算”财务体制的根基，没有一个铁路局成为真正意义上的运输市场主体和经营实体。

2008年以来，为了促进不同运输方式的协调发展，实行综合运输管理，政府有意将交通运输部、民用航空局、邮政局和铁道部合并成立“大交通部”，着眼于整体运输市场发展的铁路运输业改革方案也在酝酿之中。然而提议未经落实，改革再一次被搁置。

2013年3月10日，国务院机构改革和职能转变方案出台，铁道部不再保留。其原有职能被一分为三：拟订规划和政策的行政职责划入交通运输部；其他行政职责由新组建的国家铁路局承担；原有的企业职责则归入新组建的中国铁路总公司。

表1-1 中国铁路主要改革历程

阶段	年份	改革内容	结果
第一阶段	1986	铁路行业内部实行“大包干”，财务、劳资、物资、人事等权力下放各路局	改革6年后因安全问题而中止
	1996	铁道部成立铁路总体改革办公室，提出“上下分离”方案，即铁路与运输分开，由若干大型客、货运公司在全国性路网上组织运营，在部分线路上形成铁路公司间的竞争	“上下分离”方案于1999年被国务院否定
第二阶段	2000	铁道部提出“网运分离”方案，重组目标是，1个路网公司，5～7个客运公司，3～5个货运公司，2～3个专业公司	“网运分离”方案被国务院否决
	2003	第三轮改革：“网运合一、区域竞争”。由政府授权铁道部组建国家铁路公司，代表政府行使铁路经营职能，组建多个铁路运输公司及铁路建设投资公司，有效开展区域竞争	未被国务院批准，从此铁路改革方案的主导权由铁道部移交发展改革委
第三阶段	2003	“铁路跨越式发展”思路提出：集中人力、物力、财力着力推动大规模的铁路建设，在短期内解决铁路运输能力与日益增长的国民经济发展需要的冲突。“主辅分离”，剥离了与铁路运营无关的辅业业务	铁路用发展来取代改革，根本性改革被搁置
	2005	铁道部实行“撤销分局”和“投融资体制”改革。全国41个铁路分局全部被撤销，全国铁路局由15家增至18家。铁路建设、运输、装备制造、多元化经营逐渐向非公有资本开放，与地方政府合作筑路，同时，推动铁路企业通过股份制改造，为上市融资搭建平台	期间，大秦铁路上市，广深铁路回归A股
	2008	国务院决心开展大部制改革，拟将交通部、民用航空局、邮政局和铁道部合并成立大交通部	提议未经落实，改革再一次被搁置
第四阶段	2013	撤销铁道部，政企分开，将其行政职责并入交通运输部，同时组建中国铁路总公司承担企业职责	铁路发展与改革迈入了新的阶段

3月14日，中国铁路总公司成立；3月17日，中国铁路总公司在原铁道部北京市复兴路10号挂牌。2013年6月15日，全国铁路货运组织改革正式实

施。同年4月12日，中国铁路总公司总经理盛光祖召开全路电视电话会议，部署推动货运组织改革和推进铁路全面走向市场。

1.1.4 铁路债务发展现状

由1.1.3节“中国铁路改革历程”可知，我国铁路改革虽然起步早、历史长，但铁路改革一直落后于其他国有企业改革，例如电力、银行、电信等。虽小有成就，例如大秦铁路、广深铁路陆续上市，但是仍然没改变中铁总体制落后、债务持续攀升的现象。

而且近年来，随着铁路建设进度的加快，一大批重点项目相继建成投产，我国铁路建设取得了较大的成就，尤其是高速铁路的发展。近十几年是我国高速铁路发展的黄金时期，从1999年8月中国高速铁路建设开工，到2003年正式投入使用的秦沈客运专线，它是我国自主研究，自行设计施工的第一条高速铁路，也是我国高速铁路发展的起点。截至2016年9月10日，郑徐高铁正式开通运营，中国高铁运营里程突破2万公里，成为世界上高速铁路运营里程最长的国家。随着郑徐高铁的开通，中国早期规划的“四纵四横”的高铁网已基本形成。

高速铁路网快速扩大，以及铁路改革迟迟未有实际成果，两者因素叠加导致中铁总的债务规模持续增加。据统计，2009年，我国铁道部共有1.3万亿元负债；2010年，负债直线上升，增加到1.89万亿元；到了2011年，铁路负债继续上升至2.41万亿元；而到了2012年底，负债额达到了2.66万亿元，其中长期负债占了80%以上，当时的铁路管理运营机构铁道部的资产总额为4.30万亿元，资产负债率高达61.81%。接下来，虽然国家对铁路部门进行“政企分离”，但是之后的铁总财务状仍然没有好转。因为资产和债务同步大幅提高，近3年，中铁总公司的资产负债率基本都维持在65%左右。具体而言，2016年末中铁总的资产负债率为65.03%，2015年末资产负债率约为65.57%，2014年末资产负债率为65.52%。所以铁路的债务问题总的来说不容乐观。

国家发展改革委在2016年7月20日发布的《中长期铁路网规划》（下称《规划》）显示出未来铁路投资高铁的长期性，并提出“八纵八横”高铁网。《规划》数据显示，到2025年，中国铁路网规模将达到17.5万公里左右，其中高速铁路3.8万公里左右；到2030年，铁路网规模将达到20万公里左右，其中高速铁路4.5万公里左右。因此，如若不采取合适的改革手段，铁路债务规模持续扩张趋势将会长期存在，铁路债务处置形势更加严峻与迫切。

1.2 债务处置研究现状、目标与意义

上文根据全面深化改革背景引出国有企业以及我国铁路改革历程，最后分析我国铁路债务发展现状。本节主要从债务处置研究现状、目标以及意义出发突出铁路债务处置的必要性与迫切性。

1.2.1 铁路债务处置研究现状

荣朝和、武剑红①②③认为将铁路部门行政职能并入交通运输部，有利于在综合运输的体制下通过综合规划统筹考虑资源合理配置、统筹配置运力并提高运输效率，降低包括高铁的运营亏损，同时利用车购税、燃油税等收入统筹解决债务问题。也就是说，应该把铁路债务问题放在铁路改革以至综合交通体制改革的总盘子中一起解决。

① 荣朝和、武剑红：“我国铁路债务危机处置与加快铁路改革的思路”，《综合运输》，2012（01）：27-32。

② 荣朝和、武剑红：“我国铁路债务及其处置”，《中国金融》，2012（05）：79-81。

③ 荣朝和、武剑红：“铁路债务处置应与改革同步进行”，《金融时报》，2012-02-06（011）。

羿秀辉[①]认为债权管理是企业财务管理的一项重要内容，铁路企业加强债权管理不仅促进了企业财务管理活动的规范，而且降低了企业的经营风险，促进企业资金结构合理化，进一步增强企业的竞争力。

李茜也认为[②]铁路企业债权债务情况会对资金运用产生一定影响，资金管理和运用的不善，将使企业陷入困境，资金周转不灵，企业负债累累，就无从谈起经济效益。因此，铁路企业各业务部门和财务部门要切实负起抓清欠的责任，使资金流通渠道畅通，使有限的资金更好地为铁路运输、铁路建设服务。

杨晟、曹钟勇[③]认为，在计划经济向市场经济转型的过程中，如要对铁路积累的债务进行优化处理，应该从以下几方面着手。①争取国家政策，降低债务负担；②深化资产经营责任制，盘活不良资产；③开拓资本市场，形成多元化融资；④强化铁路企业资金结算中心的作用，增加企业流动资金。

左大杰等[④]认为通过国有资产产权（股权）流转的方式处理铁路的中长期债务，实现混合所有制的股份制公司的最终形式，是贯彻十八届三中全会精神关于国有企业改革、建立现代企业制度的具体体现，是贯彻党的十八届三中全会“混合所有制”这一重大理论创新的大胆探索。

陆欣[⑤]则认为通过土地开发，运价调整，建立铁路发展基金等方式可以缓解目前的巨额债务负担。

李红昌[⑥]提出公益性负债和经营性负债概念，认为政府必须承担公益性

---

① 羿秀辉：“铁路企业加强债权清理的研究与探讨”，《新财经:理论版》，2012（7）：页码范围缺失。

② 李茜：“铁路企业债权债务管理问题探讨”，《经营管理者》，2011（2）：152–152。

③ 杨晟、曹钟勇：“我国铁路债务问题分析”，《上海铁道大学学报(理工辑)》，2000（12）：104–108+1。

④ 左大杰、张瑞婷、李斌等：“中国铁路亟需综合改革方案”，《综合运输》，2016（03）：17–23+16。

⑤ 陆欣：“中国铁路总公司负债预测及关键解决途径研究”，北京交通大学，2014。

⑥ 李红昌：“中国铁路总公司发展战略重点及政策需求研究”，《铁道经济研究》，2013（04）：1–7+16。

负债的责任，中国铁路总公司承担经营性负债。

朱益东[①]认为铁路债券融资对维持铁路债务可持续性具有重要作用，认为采取短期债券滚动式负债与加大长期债券融资规模相结合，并进行境外资本市场融资可维持铁路债务可持续性。

张文杰[②]最终提出切合公司实际的融资渠道方案，包括：争取财政资金的支持、吸引民间资本、多渠道的市场化融资（包括股权融资和债权融资等）。并且指出，从根本和长远看，解决融资问题和债务问题，更需要中国铁路总公司提高自身的经营和盈利能力，来满足自身建设和发展的资金需要。

根据国函2013[47]号文，铁路债务处置责任被国务院赋予了财政部，但是财政部4年多来除了给予一定的公益性补偿之外，暂时未就债务处置给出系统性方案和制度性安排。

铁路若想要可持续健康发展，必须进行全面深化改革。根据我国铁路企业的发展现状，债务处置是全面深化铁路改革的关键任务。“政企分离”是全面深化改革的先决条件，为改革提供广阔的施展空间。不过企业的现有体制——全民所有制，已经不适合市场经济需求，导致铁路供需矛盾问题仍未解决。再加上铁路规模近十多年快速扩张，以致企业债台高筑。因此，本书研究铁路如何进行债务处置，并提出作者自己的观点与意见。

1.2.2 铁路债务处理目标

《关于深化国有企业改革的指导意见》（下文简称《指导意见》）针对我国现阶段国有企业改革的问题和需要、实现和可能，提出了一个综合性目标和四项具体目标，规划了国有企业的宏伟蓝图。综合性目标与具体目标相互呼应、互为支撑、融为一体。从体制上，更加强调了“符合我国基本经济

① 朱益东：“基于中国铁路债务可持续性的铁路债券融资研究”，北京交通大学，2014。

② 张文杰：“中国铁路总公司融资渠道问题研究”，河北工业大学，2014。

制度和社会主义市场经济要求”的体制机制，忠实地贯彻了党的十八届三中全会提出的“必须立足于我们长期处于社会主义初级阶段这个最大实际”的要求。

基于此，铁路企业债务处理目标如下：以建立归属清晰、权责明确、流转顺畅的现代产权制度为目标，创新企业发展思路，大力引进增量资金，盘活存量资产，用市场的手段，着力解决铁路运输企业发展的历史遗留问题。具体而言，我国铁路部门要解决4万多亿的铁路债务，必须通过有效的债务处置手段，如债务免除，转增资本金，债转股以及产权（股权）流转降低铁路负债率，最终建立适应社会主义市场经济要求的运营体制，优化吸引人才，增加铁路运输产品，增强市场竞争能力，推动企业发展，实现资产保值增值。

1.2.3 处理债务的意义：必要性与迫切性

按照数据显示，2016年一季度中国铁路总公司实现收入合计2008.53亿元，税后利润为亏损87.27亿元，亏损幅度较上年同期的64.61亿元增加35.07%。截至2016年3月末，中铁总资产总额为6.35万亿元，较上年末增加1.65%，而负债继续上升，达到4.14万亿元，较上年同期的3.75万亿元增加0.39万亿元，同比增幅10.4%，较2015年末增1.2%。

高负债意味着高额的银行利息。铁路偿债能力方面，已有研究表明[①]：铁路的流动资金较少，资产变现能力差，使铁路短期还债能力非常弱；从长期偿债能力来说，铁路信誉好，资产雄厚，有较好的长期偿债能力，但如果达到长期债务偿还的高峰期，很大一部分长期债务就会变成流动负债，所以，铁路的债务问题总的来说不容乐观。

如不果断采取有力措施，铁路债务问题可能会迅速演变成为一场债务危

① 杨晟、曹钟勇：“我国铁路债务问题分析”，《上海铁道大学学报(理工辑)》，2000（12）：104–108+1。

机，并进一步蔓延影响到其他相关产业部门甚至危及国家财政和金融系统的安全。因此，处置铁路债务是目前比较棘手的关键问题。

1.3 研究内容、技术路线与创新点

1.3.1 研究目标

企业负债是一把双刃剑，企业适度负债有一定的好处，例如：①“税盾”的作用；②减低公司的代理人成本；③财务杠杆的放大效应等；企业过度负债则会产生不良影响，例如①债务过多，期限结构不合理，引发现金性财务风险；②企业运营成本增加；③导致经营困难等。中国铁路总公司所发布的2016年第三季度审计报告，截至今年9月底，铁总负债4.29万亿元人民币（下同），较上年底负债再增加约2000亿元。收入方面，2016年1~9月，铁总收入合计6394.36亿元，其中运输收入合计4392.43亿元。利润方面，铁总首三季净亏损55.77亿元。若铁路贷款利率以6%计，铁路支付利息就达2574亿元，占铁路收入的40%以上。可见，巨大的铁路负债数额已经成为企业创收增值的主要障碍。

因此，本书的研究目标是如何通过相关改革，合理处置铁路巨额债务，为企业可持续健康发展创造条件。

1.3.2 研究内容

①阐述与债务处置有关的基本理论，介绍企业所有制形式，企业债务，企业重组，产权理论、债转股以及资本结构相关概念。

②在此理论基础上分析我国铁路债务现状以及风险分析，本章从铁路债

务形成原因与现状出发，着重分析铁路债务所带来的严重风险。

③收集与整理日本“国铁”与德法两国对铁路债务的处置方式，并总结相关经验与启示，为我国铁路债务处置提供相应的改革思路。

④我国铁路债务处置方案。

本书提出四种债务处置方式。

第一种处理方式为债务免除。国务院会同财政部可通过下发文件，免除部分铁路债务。此时铁路债务减少，资本金不变。

第二种处理方式为转增资本金。由财政部负责处理部分银行贷款，最终计入铁路总公司资本金。此时铁路债务减少，资本金增加。

第三种处理方式为债转股。若中铁总改制成为国有独资公司，铁总可通过债转股手段处理部分或全部债务。此时铁路债务减少，股权增加。

第四种处理方式为产权（股权）流转。若企业进行混合所有制改造，企业就能够通过产权（股权）流转形式处理巨额负债。此时，债务减少，所持股权减少。

1.3.3 拟解决的关键问题

本书拟用以下四种形式进行铁路债务处置：①债务免除（债务豁免）；②转增资本金；③债转股；④股权流转。其中：债务免除、转增资本金需要国家与政府的大力支持，而债转股以及产权（股权）流转则在中国铁路总公司现有企业性质（全民所有制企业）下是不可能完成的。作者认为，结合中铁总体制改革综合处理铁路债务是必然选择。

因此，本书拟解决的关键问题是中铁路体制改革从全民所有制到国有独资企业最后成为混合所有制企业整个改制过程中如何处理铁路债务，包括每一种债务处置形式的实施条件与实施途径。

1.3.4 研究方法与技术路线

本书将采用以下研究方法。

1. 文献研究法

本书收集大量文献，甄选与总结债务处置研究现状，并大致可分为以下四点：①通过体制改革解决铁路债务困局；②通过债权管理降低债务风险；③从融资角度解决债务问题；④通过产权（股权）流转等市场化手段处理铁路债务。

2. 类比研究法

铁路与其他行业相比，有自身的特点。如铁路投资回报周期长，固定投资成本高以及提供的运输服务具有一定的公益性。所以，本书收集日本、法国与德国三个的国家的铁路债务处置方式做类比分析，并总结适合于我国的铁路改革。

3. 对比研究法

本书希望通过四种手段（债务免除、转增资本金、债转股以及产权（股权）流转）解决铁路债务处置。第5章中，作者分别收集了四种债务处置手段的实践经验做对比分析。例如涉及债转股实践则包括宝钢梅山集团有限公司，中钢集团以及北京水泥厂的债转股实例等；涉及产权（股权）流转实践则包括四川清风监理有限公司、天津狗不理餐饮集团公司以及四川金星电缆厂产权（股权）流转实例。最后结合上述四种手段，以建设银行改革为例，讲述如何运用上述四个手段进行企业债务的处置并总结有利于铁路债务处置的相关经验与启示。

本书总体技术线见图1–1。

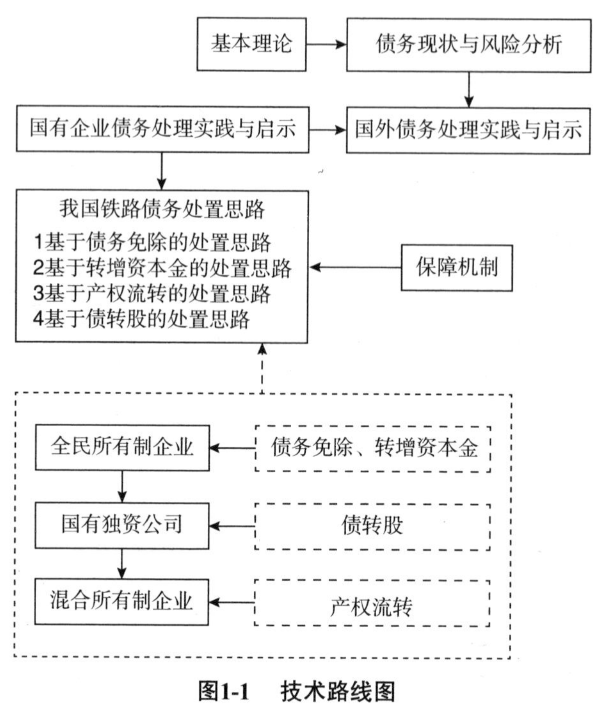

图1-1　技术路线图

1.3.5　主要创新点

①明确提出四种债务处置手段：债务免除、债转资本金、债转股以及产权（股权）流转。

②有机结合铁路体制改革，运用上述四种债务处置手段综合处理铁路债务。

③本书收集国内外铁路企业和国有企业债务处置方式，并结合国家出台的相关文件，提出四种债务处理手段的实施条件与实施途径。将党中央、国务院关于国企改革相关精神与铁路改革实践紧密结合起来，对于全面深化铁路改革具有一定的参考价值。

第二章
基本理论

全书涉及许多专业知识，为了让读者更好地理解本书改革思路，本章将介绍以下6个概念，包括：企业所有制形式、企业债务、企业重组、产权理论、债转股基本理论、资本结构理论。

2.1 企业所有制形式

2.1.1 全民所有制企业

1. 概念

全民所有制企业是国有企业的一种，但广义的国有企业还包括国家控股的股份有限公司、有限责任公司和国有独资公司，全民所有制企业是指企业财产属于全民所有的，依法自主经营、自负盈亏、独立核算的商品生产和经营单位。

2. 全民所有制企业经营权

全民所有制企业经营权是指企业对国家授权其经营管理的财产所享有的占有、使用、收益和依法处分的权利。我国《全民所有制工业企业法》和《全民所有制企业转换经营机制条例》规定的企业经营权权能只有占有、使用和依法处分三项，并未包含收益权。其立法的出发点是既要明确区别所有权与经营权，又要有效保护国有资产权利的完整性，认为企业不能形成与所有权主体相对抗的收益权。实践表明，企业的直接经营收益权与国家的财产收益权是应该并且能够明确界定、协调起来的。全民所有制企业经营权有以下主要特征：

①全民所有制企业经营权是国家财产所有权的派生权利，具有从属性。经营权既来源于国有财产所有者授权，又服从和服务于国有财产所有权，国家所有权表现为对企业财产和利益有最终处分权。

②全民所有制企业经营权是一种综合性的排他的财产权，是一种新型的物权。所谓综合性，是指它包括占有、使用、收益和处分等权能。所谓排他权利，是指它可以排斥包括所有者在内的任何非法侵害，例如企业可以拒绝任何形式的摊派。

③创设经营权，实行所有权与经营权分离的根本目的，一方面是使全民所有制企业成为自主经营的法人实体和市场主体，另一方面是实现政企分开，转变政府职能。这与社会主义市场经济体制的发展方向是完全一致的。

④经营权具有法定性和不可转让性。其主体、内容都有法律明确规定，不能任意创设，也不能通过合同约定或转让。

3. 产权结构

广义上的国有独资企业（即全民所有制企业）包括国有独资公司和其他国有企业。国有独资企业的产权结构有许多独特之处。因为国有独资企业的剩余索取权属于全体人民（由政府代表行使），并由国有资产管理部门代表政府行使国有资产的监管权，即对国有资产进行宏观管理，并对国有资产保值增值状况实施监督。但不得干预企业经营权；国有资产投入企业后，企业经理人员便拥有了国有资产的占有、使用和依法处分国有资产等经营管理权，从而实现了所有权与经营管理权的分离。因此国家形成一些类似公司制的企业，不过事实并非这样简单。首先，虽然企业所有者只有一个——全体人民（其代表是政府），然而它却是虚置的，在没有人格化的出资者形成前，它的所有权只能是名存实亡；其次，即使有了国有资产管理部门代表政府对国有资产的保值增值进行监督，然而由于它既非所有者，也没有剩余索取权，因此，缺乏根本的利益机制驱动，并且它还不干预企业经营管理权的行使，由此产生的结果只能是监督的低效和有限性，促使其经营管理者有足够的胆量为个人利益而损害国家利益，特别是在所有权与经营管理权完全分离的情况下。由此，我们不难看出，国有独资企业中出现内部人控制是有足够根源的。

2.1.2 国有独资公司

1. 概念

国有独资公司是指国家单独出资、由国务院或者地方人民政府授权本级人民政府国有资产监督管理机构履行出资人职责的有限责任公司。国有独资公司符合有限责任公司的一般特征：股东以其出资额为限对公司承担责任，公司以其全部法人财产对公司的债务承担责任。但同时国有独资公司是一种特殊的有限责任公司，其特殊表现为该有限责任公司的股东只有一个——国家。这是《公司法》为适应建立现代企业制度的需要，结合我国的实际情况而制定的。

2. 特征

①全部资本由国家投入。公司的财产权源于国家对投资财产的所有权。国有独资公司是一种国有企业。

②股东只有一个。依据公司法第65条，国有独资公司是国家单独出资、由国务院或者地方人民政府授权国资委或其他部门履行出资人职责的公司，其下属的全资子公司的出资者不是国资委，为法人独资，法人人格独立，其财产独立于国家财产，所以不是国有独资公司，不能层层扩展下去。它不同

于由两个以上国有企业或其他国有单位共同投资组成的公司。尽管后者各方投资的所有权仍属于国家，公司资本的所有制性质未发生变化，但公司的投资主体及股东却为多个，具有多个不同的利益主体。

③公司投资者承担有限责任。虽然国有独资企业的投资者是国家，但国家仅以其投入公司的特定财产金额为限对公司的债务负责，而不承担无限责任。这不同于个人独资企业，也不同于具有负无限责任。

④性质上属于有限责任公司。国有独资公司按公司形式组成，除投资者和股东人数与一般公司不同外，其他如公司设立、组织机构、生产经营制度、财务会计制度等均与有限责任公司的一般规定与特征相同或相近，只是我国《公司法》[①]规定，国有独资公司下不设股东会，由国家授权投资的机构或国家的授权部门授权公司董事会行使股东大会的部分职权，决定公司的重大事项，但公司的合并、分立、解散、增减资本和发行债券，必须由国家授权投资的机构或者国家授权的部门决定。

⑤特殊形式的有限责任公司。国有独资公司和一人有限责任公司是特殊形式的有限责任公司。

3. 特别规定

国有独资公司章程由国有资产监督管理机构制定，或者由董事会制定报国有资产监督管理机构批准。

国有独资公司不设股东会，由国有资产监督管理机构行使股东会职权。国有资产监督管理机构可以授权公司董事会行股东会的部分职权，决定公司的重大事项，但公司的合并、分立、解散、申请破产等，应当由国有资产监督管理机构决定，其中，重要的国有独资公司合并、分立、解散、申请破产等，应当由国有资产监督管理机构审核后，报本级人民政府批准。何谓重要的国有独资公司，按照国务院的规定确定。

① 全国人大常委会：《中华人民共和国公司法》，2013。

国有独资公司设董事会，董事会的职权与普通有限责任公司的相同。董事会每届任期不超过3年。董事任期届满，可以连任。

董事会成员中应当有公司职工代表。董事会成员由国有资产监督管理机构委派，但是，董事会中的职工代表由公司职工通过职工代表大会产生。

董事会设董事长一人，可以设副董事长。董事长和副董事长由国有资产监督管理机构从董事会成员中指定。

国有独资公司设经理，由董事会聘任或者解聘。经理的职权与普通有限责任公司的相同。经国有资产监督管理机构同意，董事会成员可以兼任经理。

国有独资公司的董事长、副董事长、董事、高级管理人员，未经国有资产监督管理机构同意，不得在其他有限责任公司、股份有限公司或者其他经济组织兼职。

国有独资公司监事会成员不得少于5人，其中职工代表的比例不得低于1/3，具体比例由公司章程规定。监事会成员由国有资产监督管理机构委派，但是，监事会成员中的职工代表由公司职工代表大会选举产生。监事会主席由国有资产监督管理机构从监事会成员中指定。监事会行使下列职权：检查公司财务；对董事、高级管理人员执行公司职务的行为进行监督；对违反法律、行政法规、公司章程或者股东会决议的董事、高级管理人员提出罢免建议；当董事、高级管理人员的行为损害公司的利益时，要求董事、高级管理人员予以纠正；国务院规定的其他职权。

2.1.3 混合所有制企业

1. 概念

混合所有制企业是指由公有资本（国有资本和集体资本）与非公有制资本（民营资本和外国资本）共同参股组建而成的新型企业形式。混合所有制企业的出现是伴随着改革开放的深入，现代企业制度的确立以及股份制企业的涌现而出现的新兴的企业组建模式。

2. 企业性质

对于混合所有制企业的性质，理论界有很多种说法。一般认为，它和公有制经济、集体所有制经济、私人所有制经济不同，不是一种独立的经济成分，而是多种所有制经济成分的混合。就一个行业的企业而言，它是企业财产组织形式，是企业制度的股份制经济。它非国企，也不是私有企业，它的运营机制不能按国企的旧有思路走，当然也和完全的私有企业有差别。

我们现在提混合所有制企业多是从搞好国有企业角度出发的。由于单一国有资本构成的国有企业，产权主体虚置，经营责任不落实，不少企业运营机制呆滞，缺乏活力和效率。而混合所有制企业中，国有资本通过控股、参股等形式，与其他性质的资本融合，引进多元化投资主体，有利于改善国有企业的产权结构，推动其在产权多元化基础上，逐步建立规范的现代企业制度和市场化的运作机制；有利于国有产权的流动、重组，优化资源配置，提高运营效率；有利于凝聚更多的资本，有效放大公有资本对其他资本的辐射功能，提高国有经济的控制力、影响力和带动力，体现公有制的主体地位。

对于混合所有制企业国有资本的安排问题，很多学者仅仅强调，国有经济在国民经济命脉领域重要行业的混合所有制企业必须坚持控股，国有经济对国民经济非命脉领域的有些行业可以参股。控股与参股不同，参股只为取得收益最大化，而控股不只是实现收益，还要控制国民经济命脉，发挥国有经济的应有作用。如果国有经济在国民经济命脉领域的重要行业失去控股，也就失去其控制力、影响力和带动力，难以对国民经济发展发挥应有的主导作用。

从公有制和社会主义性质角度考虑，这本无可厚非，问题是我们引进非公有资本的目的是发挥其追求利润最大化、机制灵活的优势，改变原国有企业机制呆板，法人治理结构不清晰的弊病，对经营者的行为进行有效约束。

如果我们仍是仅仅强调对企业的控制力，忽视其他资本所有者的权益，那么混合所有制企业仅仅是为了圈钱，更有甚者，还要强迫混合所有制企业去承担原国有企业承担的某些社会功能，那就有可能重蹈国有企业走入困境的老路，组建混合所有制企业的目的失效，非公有资本和公众资本也不会为之投资，我国股市连续处于熊市在很大程度上与之有关。

因此，很多人对混合所有制企业的认识还是很模糊的。我们必须从构建一种新的企业模式的角度来认识其性质。

3. 企业条件

混合所有制企业的发展需要有一定的条件和环境。

①法律保障制度。使出资人依法享有与其出资相对应的权益。特别是跨地区投资形成的混合所有制企业，企业所在地的政府及社区，必须保障外来投资者的合法权益，这样才能使投资者敢于跨地区、跨行业进行投资。

②建立产权（股权）流转顺畅的运行机制。使投资者根据资本营运的效益和对未来投资收益的预期判断，资本能够及时地进入或及时顺畅地退出，以减少混合所有制企业出资人的投资风险。

③混合所有制企业的所有权与经营权是分离的。因此必须按照现代企业制度的要求，建立规范的委托代理制，构造由股东大会（或股东代表会议）、董事会、经营管理层以及监事会组成的治理结构，并形成对经营管理者既有激励又有约束的机制和办法。根据我国股份制企业运行的实际情况，经营管理者必须摆正自己的位置，即企业经营管理者是受所有者委托的职业经理人，而不是所有者。所有者应当根据经营者的经营业绩给予相应的报酬和奖励，但作为经营者不应享有超出规定之外的剩余索取权。

④混合经济是资本集中的一种形式。分散资本集中到同一个企业之后，必然要求不同的所有者之间形成一种凝聚力，共同谋取企业的发展。资本的集中，还要求不同的所有者及其委托代理人，都必须遵循法律规范、公司的契约和章程，防止和减少内耗，以避免混合所有制企业由于人际关系的紧张

而导致资本的撤出和企业的解体。

4. 股份制企业与混合所有制企业的区别

①股份制企业。股份制企业是指两个或两个以上的利益主体，以集股经营的方式自愿结合的一种企业组织形式。它的资本组织形式是股份制，股份制是现代企业的一种资本组织形式，突出特征是财产占有形式的社会化。

②混合所有。混合所有制是指由各种不同所有制经济，按照一定原则，实行联合生产或经营的所有制形式。

③两者区别与联系。两者提出的角度不同，混合所有制经济是从所有制角度提出的，是从资产占有方式角度来说的，而且股份制是从资产的组织运营方式角度提出的，两者一个指的是内容实质，一个指的是实现形式，不能混为一谈。

但两者又有一定的联系性，在我国混合所有制经济的主要组织运营方式和实现形式就是股份制，通过股份制这种形式把公有和非公有这两种不同的所有制形式联结了起来，以适应市场经济体制，提高市场竞争力，提高经济效益。

2.2 企业债务

2.2.1 企业债务的定义和特征

所谓债务，是指基于合同的约定或法律的直接规定，在特定的当事人之间产生的一种特定的权利义务关系；而企业债务则是以企业为一方或多方当事人的债权债务关系，多数表现为企业之间的债权债务关系。企业债务包括企业由过去的交易或事项而在现在承担的、需要在将来用企业的资产或劳务来偿还的各种义务。它是企业将来要放弃的经济利益，对这种义务的清偿将导致企业资源的外流。企业债务具备以下一些基本特征：第一，债务必须是现时存在的义务，是由企业过去的经济业务和事项所引起的，它具有商事性，主要是在商品交换过程中发生的合同之债。第二，债务必须是一种强制性的义务或责任，是一种以国家强制力为后盾的意志关系，企业不能或很少可能回避。第三，债务在将来必须以债权人所接受的经济资源来清偿，这种给付关系标的的实质是财产关系。第四，债务是能够用货币确切地计量或合理地估计的债务责任。第五，债务一般应有确切的受款人和偿付日期，不存在没有特定主体的债务和永恒债务。

2.2.2 企业债务的确认标准

企业确认其债务应是依据一定的标准和规则，它们通常是：

第一，依据法律概念。企业通过签订正式合同所产生的并将根据强制执行的合同之债，即是法定义务。

第二，依据公平或推定义务概念。由债权人和债务人双方所同意且不需通过法律强制执行、源于道德或道义的拘束而具有约束力的债务，是公平义务；在特定情况下成立、推断或悟出的，而不是因为与他人签订了合约或政府强制执行的债务，是推定义务。企业是具有法人资格的“社会公民”，是社会的一分子，公平和推定义务也要被确认为企业的负债。

第三，依据一项经济业务的经济实质。一项业务是否具有经济实质，主要取决于它是否能够提供与决策相关的信息，即所确认的负债具有相关性。

第四，依据负债金额的可计量性。负债量度的不确定性会对债务确认产生两方面影响，一是难以避免主观随意性，二是确认不肯定性的量度所产生的耗费，不符合成本效益原则。

2.2.3 企业债务形成的一般机理

1. 企业债务产生的本质原因

就经济学意义而言，企业债务是属于社会总流通手段的一个组成部分。企业间正常信用关系的经济基础在于企业对最终产品销售前景的预期[①]。在企业间的交易活动中，卖方根据对买方产品销售前景的信用，给予其一定时间内的“赊销”，这是一种普遍存在的信用关系。从企业个体来说，企业间债务取决于债务方产品销售前景的预期与信用；而从宏观层次上看，企业间债务则取决于最终产品（包括消费品、投资品和出口品）销售前景的预期。从经济活动的全过程来看，只有最终产品的购买才能够由货币实现，而实际上大多数企业交易的并非是最终产品，而是中间产品。中间产品的价值最终也必须由货币支付来实现，只不过其实现时间会有些滞后。因此，企业事实上是以最终产品的销售前景为信用保证来赊购中间产品的，进而可以认为，一个经济体系内的企业之间正常的信用规模，即企业债务总量，取决于最终产品的市场需求规模。一切影响到总需求的因素，也都会影响到企业间的债务总额。

2. 企业债务产生的一般原理

在企业债权债务关系中，决定企业微观行为的内在动因是客观存在的，且体现出一定的必然性。作为债权方企业，它面临着既要提高销售水平，又要降低应收账款投资成本的矛盾。它之所以同意赊欠，主要是因为它要与其客户保持长久的交易关系，同时也是为了避免生产过程波动所带来的“生产重组成本”。债权方企业的成本主要包括付出隐含的资金利息和承担追债成本这两部分。在实际商务活动中，企业间债务按惯例一般是免息的。即使在发生债务拖欠时一般也没有利息惩罚。这部分隐含利息通常体现为提前支付或直接付现时卖方所给予买方的价格折扣，实际上是债权方企业在产品滞

① 王玉珍：《国有企业资本结构制度分析》，中国经济出版社 1999年版。

销或市场需求下降的情况下作出的一种“让利”或“降价”行为。债权方企业为加强对其应收账款的管理，必然还要发生“追债成本”。这种“追债成本”主要包括：一是实际发生的追债费用；二是债务重组过程中作出让步而付出的重组成本；三是“消极债主”现象所造成的信誉损失。这些成本从债权方企业一方阻止债务的无限增长。

对于债务方企业来说，它获得的是利息免税利益，同时也面临着破产风险的威胁。在市场经济条件下，无限举债，不仅可能会使债务企业面临破产威胁，而且拖欠债务经济要在自身商业信用方面付出代价，使以后的举债活动举步维艰。这也正是在市场经济条件下，企业总是尽可能地做到适度负债、及时还债的动因。在股票市场上，公司的市场价值是其权益资本价值和债务资本价值之和所共同组成的。由于债券和股票在审批程序、发行成本、净收益、税收以及债权人对公司的影响等方面，均存在着本质的差异，当公司面临投资机会时，就应根据自己的目标函数和成本收益原则来选择其合理负债额，并进而确定其合理资本结构，使其市场价值达到最大化。

2.2.4 企业债务系统分析

对企业债务施以调节、整治、规范和救济作用的机制构成了四个系统：外部环境系统、管理机制系统、运行机制系统和不履行的救济系统。

1. 企业债务外部环境系统

企业是环境的产物，企业债务所反映的关系时刻受到企业外部环境系统的影响，包括来自宏观环境和微观环境这两个层次因素的影响。宏观环境因素包括政治环境、经济环境、社会环境和技术环境等；微观环境因素包括所处行业性质、竞争者、消费者、供应商、中间商及其他社会公众等。

从外部环境系统看我国企业的债务，可以归结出其本质所在。国有企业的债务从表象上看是企业对银行的负债。但企业是国有的，企业负债形成的资产以及经营损益也因而都是国有的，所以国企债务本质上是财政对银行的负债。从另外一个方面看，企业对银行的负债，又间接地表现为对城乡居民60%以上份额的负债；企业的不良债务表现为银行的不良资产，而银行损失中的60%又要由居民储蓄存款承受。因此，国有企业债务是涉及企业、财政、银行和居民的一个连环套，而财政在这个连环套中居主导地位[①]。

2. 企业债务管理机制系统

企业债务的管理机制系统既包括企业内部管理系统，也包括国家对企业债务的管理体制。它主要包括：国家确认企业法律地位的企业登记管理制度、作为国家财政法律制度组成部分的企业债务管理制度、确立企业债务关系的企业合同管理法律制度以及规范企业举债行为的企业债券管理制度。

3. 企业债务运行机制系统

企业债务运行机制系统主要着眼于企业债权债务关系从成立到终止的整个过程，以企业债务的设立为起点，债务的履行为中心，以双方当事人经济目的的实现为结果。在企业债务的设立环节，对举债条件、法定代表人和委托代理人的资格和权限、企业债务的内容要求、形式要件、举债程序方面，都要有明确的法律规制。

4. 企业债务不履行的救济系统

企业债权债务有效成立之后，当事人没有按照规定履行债务，即为企业债务的不履行。构成企业债务危机不履行救济系统的具体措施包括以下几种：协商清债，诉讼清债，行政清债，破产还债，兼并清债，债权转股权，“揭开公司面纱”，申请债权保全，申请扣押或执行债务人对第三人的债权，行使担保物权。

① 魏杰：《面对资本之翼》，中国发展出版社1999年版。

2.3 企业重组

2.3.1 企业重组的概念

广义的企业重组是指对企业的所有权、资产、负债、人员、业务等要素的重新组合和配置。狭义的企业重组是指企业以资本保值增值为目标，运用资产重组、负债重组和产权重组方式，优化企业资产结构、负债结构和产权结构，以充分利用现有资源，实现资源优化配置。

企业是各种生产要素的有机组合，企业的功能是把各类生产要素进行最佳的组合，而企业重组只是改变资源要素在不同企业间的分布，重组本身并不使社会资源要素总量发生变化。但重组不是简单的资源再分配，企业重组的发生都是带有一定目的性的，如两个企业进行合并，可以产生规模效应，增强竞争实力，提高资源要素的利用效率。因此企业重组可以实现资源的优化配置和利用，使企业更好地参与市场竞争。企业重组的对象是企业既有的资源要素，因此企业重组必然导致企业原有的形式以及组织形态的变化。

企业重组的核心在于产权关系的变化，是市场经济下的企业行为，要素的再分配即是要素的所有权或经营权发生转移，如果企业组织形式的改变不包含产权关系的改变或以产权为联结纽带，就不能认为是市场经济体制下的企业重组。

2.3.2 企业重组的作用

在我国不断推进国有企业深化改革的背景下，企业重组具有特定历史地位。

1.国有企业重组是从总体上搞活国有经济的必然要求

当前，我国国有经济仍为我国经济的主要成份。但国有经济大多经济效益不甚理想，多表现为负债形式。2015年底，我国国有企业资产总额为1192048.8亿元，负债总额790670.6亿元，所有者权益合计401378.2亿元[①]。在未来经济发展中，要想充分发挥国有资产引导其他所有制成份的作用，经济活动朝着符合市场经济要求的方向发展，就必须增强现有国有资产的流动性，加速国有企业重组的步伐，保证国有资产处在应有的位置上，通过资产的有效运营，增加其在社会中的绝对量，巩固国有经济的主导地位。

2.提高经济效益迫切需要进行国有企业重组

近几年，随着我国经济进入新常态时期，国有企业出现了增长速度放慢、经济效益明显下降的情况。2013年我国国有企业总收入同比增长10.1%，利润增长5.9%，2014年总收入增长4%，利润增长3.4%，到2015年总收入下降5.4%，利润下降6.7%。造成国有企业经济效益下滑和增长速度放慢的原因虽然是复杂、多方面的，但目前的情况说明国有资产在其存在的一些领域是没有发挥出其应有作用的。应通过国有资产存量的重组，在流动中探索国有企业的经营领域，从而提高国有资产运营效率和质量。

3.国有企业重组是解决国有企业债务负担过重的重要途径

当前国有企业形成了沉重的债务负担，我国国有企业的资产存量中由债务形成的资产已成为资产的主体，企业的资本结构呈现债务倾斜的态势。2015年，国有企业的资产负债率达66.3%，在这种情况下，迫切需要通过资产流动和重组，使国有资产的存量经常处在较高的位势，获取较大的利润。这不仅会使现有的债务负担得到缓解，而且会在增强企业发展能力的基础上，杜绝企业债务前清后欠现象，使企业的资产运作形成良性循环，也使国

---

① 数据来源：财政部网站。

有商业银行从企业的债务链中解脱出来。

4.国有企业重组是整体推进国有企业制度创新的必由之路

①存量重组可以有效弥补增量扩股的不足。通过企业重组推进现代化企业改造是一种存量改革的路径，这种改革方式可以在较大范围内启动以低成本扩张为主的资产重组的改革，特别是将盈利和亏损企业纳入现代化企业改造的范围，适应性更强。②内部监督可以有效地弥补外部监督的不足。实施企业重组推动企业之间相互购并，势必较快形成以相关企业法人持股为主的股权结构，形成以内部监督为主的治理模式。③宏观微观双层创新可以有效地弥补单层创新的不足。国有经济是具有双层结构的整体，单纯在微观层次改革上做文章，走不出放权与收权的状态。整体推进资产重组则是微观和宏观两个层次的制度创新，为攻克政企分开改革难题带来新的希望。④全社会全方位选择企业家可以有效地弥补单项选择的不足。实施资产重组可以多渠道选择企业家、培养企业家，充分挖掘企业家的内在潜能与作用。

2.3.3 企业重组的分类

按企业重组的手段、方式以及内容三个角度，对企业重组进行不同的分类。

1. 按企业重组的手段不同

①行政式重组。指政府或企业主管部门出于整体利益的考虑，以行政手段或强制所属企业以合并、吸纳、划转、参股等方式而实现的重组。这种方式在当前构建国有资产新型运营体系试点中和政府对特困企业实施解困中采用得较为普遍。

②经济式重组。指企业为扩大市场优势，以自愿组合为前提，以产权为纽带采取收购、兼并、联合、参股、控股等方式而实现的重组。这种方式多为优势企业为了实现市场扩张战略，扩大市场份额，谋求规模效益而采取。

③法律式重组。是企业破产时实施的。美国《破产法》规定，企业宣告破产后，经债权人同意，可以实施重组和解。我国在实施优化资本结构城市试点中，国发[1994]59号文件也明确规定，经持有2/3以上债权人同意，破产企业可以在合理承担债务的前提下实行重组，终止破产。另外，资产评估后的破产企业公开拍卖给优势企业，使破产企业彻底消亡，优势企业资产存量增加、企业组织形式发生改变，也应属于企业重组之列。

2. 按企业重组的方式不同

①联合重组。指若干企业组成各种形式的经济联合体，原有企业法人继续存在，以各种形式在生产、技术、经营上进行联合与合作，并分享利益。联合可大大降低成本，特别是有利于形成生产集中和规模效益。

②兼并、合并、收购重组（合称并购）。指优势企业以收购、兼并等方式完全占有弱势企业的资源，使其融入优势企业。这种方式以弱势企业的彻底消亡为特征，优势企业以此得到弱势企业可再利用的资源。

③破产重组。包括企业倒闭和清算，是公司依法被宣布完全解体，变卖全部资产以进行偿债，因此破产重组是一种淘汰企业的资产重组方式，起着促进生产要素流动、再配置的作用。

3. 按企业重组的内容不同

①业务重组。指对被改组企业的业务进行划分从而决定进入上市公司的业务的行为，它是企业重组的基础，是资产重组和其他重组的前提。

②资产重组。指对一定重组企业范围内的资产进行分拆、整合或优化组合的活动，是企业重组的核心。

③负债重组。企业负债是指企业所承担的能以货币计量的，需以资产或劳务偿付的债务，包括长期负债和流动负债。负债重组是推动企业重组的一个重要方面，可采取“债改投”、“债改股”等多种方式进行。

④股权重组。股权重组是指对企业股权的调整，是企业重组的本质所

在，包括从单一产权主体的国有企业到多元产权主体的企业的股权重组，也包括企业集团内部、母子公司体系股权结构的调整。

⑤职工重组。在我国现存条件下，国有企业富余职工及离退休人员实际上都是各企业自行负担的，在国有企业的资产重组时，还需进一步改革劳动用工制度，在分流、重组企业职工方面逐步由企业内部消化为主转向由劳动力市场吸纳和配置为主。

2.4 产权理论

2.4.1 产权的定义

中央在十四届三中全会通过的《中共中央关于建立社会主义市场经济体制若干问题的决定》中对现代企业制度的首要特征“产权关系明确”的释义中最早对产权概念做出了解释。最早在规范性法律文件中提到产权概念，是1993年12月21日发布实施的《国有资产产权界定和产权纠纷处理暂行办法》。该办法将产权界定为“财产所有权以及与财产所有权有关的经营权、使用权等财产权，不包括债权”。

纵观理论界，对产权的定义众说纷纭，很难作一个统一的、全面的、确切的定义。但以下三方面是不同定义说法中的共性，从这三个方面能更好地理解产权的概念。①产权是一种排他性的权利，这种权利是可以进行平等交易的法权，而不是不能进入市场交易的特权；②产权是权利的集合，是多种权利的统一，呈现出一种结构状态，而不能简单地等同于狭义的所有权即一种隶属权；③产权是一种规范人们相互之间的关系规则，并且是社会的基础性规则，无论是强调产权是人与物的关系，还是强调产权是人与人的关系，都是一种规范人的权利与责任的规则。

2.4.2 产权的功能

1. 界区功能

产权的界区功能是指产权在界定主体之间，产权主体与非产权主体之间的权利和义务区间上的功能。产权安排确定了每个人相应于物的行为规范，获得产权的当事人可以凭借产权法律法规的规定去维护自身的权益。从社会方面，必须以产权为依据去调节各经济主体之间的相互关系，每个人都必须遵守他与其他人之间的相互关系，或承担不遵守这种关系的成本，对于侵权行为将绳之以法、加以制裁。因此，对共同体中通行的产权制度是可以描述的，它是一系列用来确定每个人相对于稀缺资源使用时的地位的经济关系和社会关系。在社会经济活动中独立的经济主体存在的条件是，其具有独立的利益要求和实现这种要求的条件。能否成为独立的经济主体要看其是否具有产权，拥有了产权，就界定了产权主体与非产权主体之间的权利与责任界区，主体才可能与非主体之间彼此对立，才可能平等地进行商品交换。同时，若整个社会的经济关系构筑在明晰的产权基础之上，各种摩擦和混乱现象将会大大降低。产权的界区功能是通过产权确立的过程发挥出来的。也可以说，产权的确立过程就是确定产权主体权利和责任的过程。因此，产权的界区功能是产权的最基本的功能。

2. 激励功能

产权的激励功能是指因产权的确立而使产权主体努力强化自身行为的功能。产权的确立意味着产权主体利益和责任区间的界限明确化。产权关系归根结底是一种物质利益关系，无论是所有权还是运营权，就其主体而言，都是为了获取相应的利益。另外，产权关系作为一种利益关系，它又是整个利益关系的核心或基础，产权主体可以使用产权来谋求自身的利益，而且使这种利益不断地内在化。如果经济主体活动的利益外在性太大（指他人从中得到不付费的益处太多），经济主体的积极性就会受到影响。

产权所产生的刺激使个人追求利益最大化的结果导致整个社会的利益最大化，其本质上是经济利益刺激，但它又不等同于经济利益刺激。因为前者的时效性要大大高于一般由收入分配产生的经济利益刺激。产权主体运用产权来追求自身利益时，产权的持久性会使产权主体更多地追求长远利益。在派生产权形成后，派生产权主体必须满足原始产权主体的一定条件，其中必然包括利益实现条件，才可能获取派生产权。那么，派生产权在追求自身利益最大化时，就不得不兼顾实现原始产权主体的利益了[①]。

3. 约束功能

产权的约束功能指的是产权确立之后，对产权主体行为所产生的约束力。建立与约束总是对等的、不可分的，在建立激励机制的同时，必须建立相应的约束机制。在现代社会，理性被理解为人能够根据自己所面对的约束来做出一系列欲望、期望与偏好选择，且作出的选择宁愿更多，而不是更少。产权的确立既然明确了主体的权利和责任界区，产生了激励功能，由此也必然会产生约束功能。产权的确立使产权主体活动的外在性内在化。如果外在的利益内在化，产生的就是激励功能；如果是外在责任内在化，则产生的就是约束功能。企业作为独立的法人实体在取得法人财产权后，按照法人财产权所支配的资产既是它的生产和经营基础，同时也是其承担债务和风险的能力界限。原始产权主体仅以分离出去的产权作为自己所承担的风险投资，在此之外的风险责任是不连带的，在与其他条件综合之后，产权确立就能对企业形成强有力的约束。

投资者对经营权主体所做的各种约束对于经营权主体来说是产权约束的外部约束，如果方法不对，会干扰经营权的独立性，影响产权的运行。产权

---

① 李光林：《国有企业产权的改造与激励》，南海出版公司2004年版。

的内在约束功能是指因产权的确立，随之责任风险内在化，而自然形成的内在约束。产权的激励功能与约束功能是同一事物两个不可分割的方面。在我国企业改革中，相当长一段时间内始终未能跨出确立企业产权这一步，一直只在收益分配上做文章，结果在其他因素的共同作用下，国有企业的改革出现负盈不负亏的现象，国家不得不承担无限连带责任。确立国有企业法人财产权，要划分国有企业之间，国家与国有企业之间的权责界区。在竞争的压力下，产权会自动地形成对经营者的有效约束。

4.交易功能

在现代社会，任何一项经济交易的达成，都需要进行合约的议定、对合约执行的监督、讨价还价以及要了解有关生产和消费者的需求信息等。这些费用不仅存在，而且有时会高到使交易无法完成。正是由于交易费用的存在，才产生了一些用于降低这些费用的不同制度安排。产权的交易功能具有两重含义：其一指的是产权的确立，起到了为产权主体成为商品生产者奠定基础的作用。其二是指产权本身也可以作为商品交换的对象，在发达的市场经济中，财产运动的价值形态与使用形态分离，使一部分产权成为概念上的东西，例如股权、证券收益权等成为商品，成为证券市场的交易对象。产权的交易功能使市场的构造复杂化，也使产权主体之间的关系复杂化，产权的重组和产权安排的变迁为原始产权与派生产权主体增加了更大的相互选择的自由，强化了各自的独立性，如股东宁愿到市场上出售股权而不愿到股东大会上陈述自己对企业经营管理的意见。这样，对于优化资源配置、提高资源利用效率乃至提高整个社会经济效率都起到重要的作用。在市场经济社会中，产权界定、产权转让是资源合理流动的前提，产权界定是产权转让的前提，而产权转让又是实现资源优化配置的重要手段。

2.4.3 产权多元化

产权多元化是指由诸多要素所有者将其产权分解组合之后形成的产权集合。产权多元化可以界定为两个及两个以上投资主体出资形成的实体。企业的产权多元化意味着企业财产不再由单一出资者投资而成，而是众多出资者投资的组合。企业的产权多元化是企业制度的一种重大创新。在企业发展史上，从古典的个人业主制企业和合伙制企业到现代企业，实际上就是企业产权多元化的过程。

产权多元化既可以是同一所有制内部的产权多元化，即投资主体的产权属性是同质的，如投资主体的产权属性都属于私有产权或国有产权，也可以是不同所有制之间的产权多元化，即投资主体的产权属性是不同质的，如投资主体既有国有产权也有公有产权或私有产权。所有权多元化结构就是指不同所有制之间的产权多元化。

产权多元化主要包括两个层面的含义：一个层面是指宏观层次的产权多元化，主要指所有制结构多元化，即多种所有制形式并存及各种所有制在所有制结构中的比重。宏观层次的产权多元化影响所有制结构的变化，影响整个社会资源配置的效率。另一个层面是微观层次的产权多元化，是指微观经济主体即企业投资主体多元化，股份制企业则表现为股权多元化。微观层次的产权多元化影响企业的产权结构变化，影响企业的资源配置效率和企业的竞争力。

公司制是现代企业制度的一种主要形式。公司制企业作为多元产权主体的集合，可以形成多元投资主体的制衡，并形成多元利益主体的制衡，进而形成企业内部的制衡，在此基础上形成的公司治理结构既有利于保证所有者对经营者实施有效监督和自身利益不受损害，又有利于保证经营者拥有充分经营自主权，这是避免所有权与经营权分离后出现内部人控制的重要机制。

2.5　债转股基本理论

从经济学的角度分析，债转股政策有其坚实的资本结构理论基础。现对债转股的理论基础以及由此产生的债转股的必要性和债转股对企业治理重组的可行性作出说明。

2.5.1　资本结构

资本结构又称为融资结构，是指企业在取得资金来源时，通过不同渠道筹措的资金的有机搭配以及各种资金所占的比例。具体说，是指企业所有的资金来源项目之间的比例关系。从本质上看，资本结构是企业融资行为的结果。不同融资行为导致不同的资本结构，合理的融资行为必然形成优化的资本结构，非合理的融资行为必然形成扭曲的资本结构。对资本结构可以从不同的角度做进一步的划分。按资金来源不同可划分为内源融资和外源融资；按资金属性不同，可分为债务融资和权益融资。债务融资和权益融资属于外源融资。由于企业长期资金来源一般是所有者权益和长期负债，因此资本结构主要是指二者的组合和相互关系。

国有企业严重债务问题的背后是国有企业资本结构的严重失衡，表现为"三高三低"①：一是内源性融资与外源性融资失衡，外源性融资比例高，内源性融资比例低，企业资金基本来源于外部，内部积累很少；二是间接性融资与直接性融资失衡，间接性融资比例高，直接性融资比例低；三是债务融资和权益融资失衡，债务性融资比例高，权益性融资比例低，债务融资占企业资金来源的绝大部分。

① 王玉珍：《国有企业资本结构制度分析》，中国经济出版社1999年版。

2.5.2 资本结构理论

债转股政策有充分的资本结构理论依据。对国有企业实施债转股，即是对企业资本结构进行调整。

1. 传统资本结构理论表明债转股是必要的

传统的资本结构理论以MM定理为核心。MM定理由莫迪利亚尼和米勒（Modigl & Miller）研究提出，又称“无关性定理”。定理表述为：“任何企业的市场价值与其资本结构无关，而是取决于按照与其风险程度相适应的预期收益率进行资本化的预期收益水平。[①]”即“在资本市场充分有效的前提下，公司的产权结构同公司的运作无关，公司是由银行所有还是由持股人所有是无所谓的[②]”。根据该定理，我们可以作出推断：只有在企业投资与融资相互独立，没有税收，没有破产风险，以及资本市场完善的前提条件下，企业的市场价值与其资本结构无关的结论才能成立，即企业的股权和债务的比例大小不影响企业市场的价值。但是，但现实经济中，资本市场充分有效的条件并不具备，MM定理苛刻的前提条件难以成立，故此结论不成立。MM定理实际隐含如下的制度含义：“在现实生活中，企业的治理结构、企业价值与资本结构密切相关。”[③] 因此，调整资本结构，进行债转股是必要的。

2. 现代企业资本结构理论表明债转股具有促进企业治理结构改革的作用

20世纪70年代以来，经济学新的研究成果表明，企业的资本结构与其治

---

① 参见沈艺峰著：《资本结构理论史》，第23页，经济科学出版社1999年版。

② 哈特：《企业、合同与财务结构》中《中译本序三》，第11页，上海人民出版社1998年版。

③ 王玉珍：《国有企业资本结构制度分析》，中国经济出版社1999年版。

理结构有着紧密的联系，调整资本结构是通过影响治理结构来影响企业价值的，资本结构会影响经营者的工作努力程度，从而影响企业的收入流量和市场价值。这就形成了现代企业资本结构理论。该理论证明了通过债转股这一措施来调整企业的资本结构，会从各方面促进企业治理结构改革。因此，债转股具有推进企业制度创新的作用。

①企业融资的代理成本理论。这一理论的代表人物詹森和麦克林认为，“企业的本质是一种契约束，存在着委托—代理关系，因而存在着代理成本，包括委托人的监督成本，代理人的担保成本以及代理人的行动与委托人意愿之间的差异形成的剩余损失”。代理成本由两类成本构成：一类是企业的外部股权代理成本，这是指当经营者是完全的所有者时，企业法定市值与现实企业市值的差额：另一类是债权代理成本，意指在经营者有限责任制度下，经营者乐意从事高风险项目，从而使举债成本上升。代理成本影响企业的收入流和价值，而资本结构会影响代理成本的大小。三者之间的关系是：资本结构的选择影响——代理成本大小影响——企业收入流和市场价值。当企业达到最优资本结构时，股权与债权这两种融资方式的边际代理成本相等从而总代理成本最低，这时企业的市值达到最大化。

②企业融资的控制权理论。该理论以哈里斯—雷斯夫模型为代表，认为资本结构在决定企业收入流分配的同时，也决定了企业控制权的分配[①]。资本结构是治理结构的基础。决定企业治理结构的核心要素是资本结构。企业治理结构应是以“资本为核心，以对资本的获利分享为纽带，使出资者—经营者行为目标一致的机制”。企业治理结构是对融资方式、融资结构选择的结果。不同的融资方式、资本结构会形成不同的治理结构。

以控制权的分配状况为依据，企业的融资方式可分为保持距离型融资和控制取向型融资两种基本方式。保持距离型融资方式将企业控制权分配与企业经营状态密切相连。当企业经营状态较好时，控制权归经营者等内部人：

① 陈很荣、范晓虎、吴冲锋：“西方现代企业融资理论述评”，《财经问题研究》，2000（08）：62–66。

反之，控制权则自动转移到出资者手中。债权是该融资方式的主要工具。主要采用保持距离型融资方式所形成的资本结构以债权为主要构成，由此所形成的治理结构成为“目标型治理”。控制取向型融资的特点是出资者直接拥有对企业的控制权。股权是该方式的主要融资工具。主要采用控制取向型融资方式所形成的资本结构以股权为主要构成，由此所形成的治理结构成为“干预型治理”。

股权和债权属性不同，在企业治理结构中的作用不同，因而对企业行为形成不同的约束。债务融资和权益融资体现的产权关系不同。权益融资体现的是所有权和控制权的关系，投资者以其财产所有权进入企业，享有企业剩余索取权和最终控制权，是企业的股东。融资者只是受投资者的委托经营其资产，与投资者形成委托—代理关系。债权融资体现的是债权债务关系。融资者不是企业资产的最终所有者，融资者借入的不是资产所有权，而是一种资金的使用权。债权人拥有对企业的相机控制权，也就是说，在融资者不能够按合同规定还本付息时，其控制权才自动转移到债权人手中，债权人才拥有对企业的控制权。债权和股权由于风险和收益的安排不同，监控企业的动因不同。在债务契约中，出资者仅能获得固定收益而无法分享企业盈利增长带来的收益，在正常情况下不承担企业经营风险，相应地对企业监控的动因较弱。股权融资中的出资者对企业收益享有剩余索取权，承担经营风险，相应地对企业监控的动因较强。特别在股权较为集中，只有几家大股东时，其实施监控的动因相对更强。

该理论表明，债转股可通过调整资本结构，进行产权变换，将债权转变为股权，增强公司治理中所有者控制权，加强所有权对经营权的约束力度，改善公司治理，提高公司经营绩效，从而根本解决企业的不良债务问题。

2.5.3　债转股分类

根据债转股的不同形式及特点，可以将其划分为：商业性债转股与政策性债转股，破产型债转股与收益型债转股，国内债转股与国际债转股[①]。

1. 商业性债转股与政策性债转股

依据债转股行为的产生是以市场为主导还是以政府部门为主导，可以将其划分为商业性债转股与政策性债转股[②]。两者在制度设计上所依托的法理并无实际差异。

商业性债转股指债权人与负债企业为了双方的利益，经过相互商议，在依法的基础上双方合意将债权人对企业的债权转化为债权人对负债企业所持的一定数量股权，由此消灭企业负债的民事法律行为。商业性债转股市场化程度较高，例如美国通过整顿资产重组托管公司（Resolution Trust Corporation，RTC）购买储贷机构的不良资产，并采取证券化的方式促进债权流动，以此处理不良债权债务问题。

政策性债转股是指政府为了帮助负债过重而导致严重财务问题的企业脱离困境，或为了改善负债企业的财务状况而实行的，以政府部门为主导，通过银企协商，将债权人对企业的债权转化为对企业所持一定数量股权的方式，由此消灭企业部分或全部债务，使银行成为企业的股东。因此，政策性债转股具有较明显的政府干预色彩，其最终目标是为了解决及预防企业风险，促进债务企业治理结构的优化，强化对企业的经营监管，帮助企业脱困。

由于我国现行的《商业银行法》对商业银行持企业股份有所限制，所以在该政策性债转股方式下转化而来的股份并不能由商业银行直接持有，而是由政府设立的金融资产管理公司（Asset Management Corporation，以下简称AMC）作为投资主体进行管理。1999年，我国成立了中国信达资产管理公司（以下简称“信达”）、中国华融资产管理公司（以下简称“华融”）、中国长城资产管理公司（以下简称“长城”）和中国东方资产管理公司（以下简称“东方”）四家AMC，目的在于收购、管理、处置国有商业银行的不良

---

① 陈耀武：“我国金融资产管理公司债转股法律问题思考”，河南大学，2007。

② 石俊志：《商业性债权转股权法律研究》，中国检察出版社2005年版。

资产。经过十几年的经营管理，大规模的政策性债转股工作现已基本结束。2013年3月，财政部已经正式下发相关文件，批复同意长城及东方两家公司启动股改方案研究及股改准备工作。这表明四家AMC中，继信达、华融股份制改革之后，另外两家AMC——长城和东方将迈入股份制改革的行列中。此前，信达于2010年挂牌成为股份公司，并在2012年引进四家战略投资者；华融则于2012年挂牌成为股份公司。这表明我国四家AMC正逐步去“政策化”，转而向“商业化”转型。

2. 破产型债转股与收益型债转股

依据不同的债转股行为的目的，可以将其划分为：破产型债转股与收益型债转股。

破产型债转股是指负债企业无力清偿债务，进入破产程序或具有破产的危险时，债权人与债务企业协商，不对负债企业申请破产，而是将债权人对企业的债权转化为债权人对债务企业持一定数量股权，减轻负债企业经济损失，以此消灭企业债务的行为。

收益型债转股是指负债企业为筹措资金、改善财务结构等原因，通过协商或者由政府安排，将债权人对企业的债权转化为债权人对负债企业持一定数量股权，以此消灭企业债务的行为。

3. 国内债转股与国际债转股

依据债转股发生地不同，可以将其划分为：国内债转股与国际债转股。

国内债转股是指债权人和负债企业的营业场所都在同一国家，通过将债权债务关系转化为股权关系，从而消灭债务的法律行为。

国际债转股是指债权人和负债企业的营业场所在不同国家，通过将债权债务关系转化为股权关系，从而消灭债务的法律行为。

上述几类债转股的类型划分并非完全对立，而是几种债转股的结合体。比如商业性债转股可以是收益型，也可以是破产型的。

2.6 资本结构理论

资本结构问题总的来说是负债资本的比例问题，即负债在企业全部资本中所占的比重。

资本结构有广义和狭义之分。广义的资本结构是指全部资金（包括长期资金、短期资金）的构成及其比例，一般而言，广义资本结构包括：债务资本和股权资本的结构、长期资本与短期资本的结构，以及债务资本的内部结构、长期资本的内部结构和股权资本的内部结构等。狭义的资本结构是指各种长期资本构成及其比例，尤其是指长期债务资本与（长期）股权资本之间的构成及其比例关系。本章所指资本结构是指狭义的资本结构。

2.6.1 马克思的资本结构理论

马克思的资本结构理论是一种广义的资本结构理论，既涉及微观，又涉及宏观。马克思从多个角度来研究资本结构，通过把产业资本划分为不变本和可变资本，揭示了剩余价值的来源，找到了衡量可变资本增值程度的指标，即剩余价值率；通过把产业资本划分为货币资本、生产资本和商品资本三种职能资本，揭示了个别资本连续运动的条件；通过把生产资本划分为固定资本和流动资本，分析了生产资本构成对资本周转速度及剩余价值生产的影响；通过把社会资本划分为用于生产资料生产的资本和用于消费资料生产的资本，以此为基础分析了资本主义简单再生产和扩大再生产中，社会总资本及社会总产品的价值实现和实物补偿的条件。马克思在认识资本结构与剩余价值的产生和分配时认为，资本追求利润导致平均利润率的形成，平均利润率的形成过程就是资本在部门间配置结构优化的过程。平均利润率的形成是资本的部门配置结构优化的标志。他通过把资本划分为产业资本、商业资本、借贷资本和土地资本，分析了资产阶级集团对剩余价值的瓜分。商业资本是产业资本中由商品资本独立出来的，是在流通领域中发挥作用的职能资本，像产业资本一样也要获得平均利润。借贷资本以利息形式参与剩余价值的瓜分，利息率大于零，但小于平均利润率。土地资本是以地租形式参与剩余价值的瓜分[①]。

上述对资本结构思想的概括，说明了马克思是以剩余价值为中心范畴，以划分的一定资本结构为框架和依托，详尽地从生产到流通与分配，从个别资本到社会总资本，分析了剩余价值的产生、积累、实现及分配问题。诠释了资本能够带来剩余价值并且实现价值的增值，资本的增值或价值的增值存在于资本流动的整个过程，资本结构优化也存在于资本流动过程的各个环节，这正是本文研究的方向。马克思的资本结构优化理论无论在方法论上，还是在具体内容上，对优化我国铁路总公司企业资本结构都具有重要的指导作用。

2.6.2 资本结构与治理结构的关系

党的十五届四中全会的《中共中央关于国有企业改革和发展若干重大问题的决定》指出，“公司制是现代企业制度的一种有效组织形式。公司法人治理结构是公司制的核心”，为建立和完善现代企业制度提出了一个构架清晰、整体协调、内容完整并且具有法规依据的运行模式。企业资本结构决定着企业治理结构中所有者、经营者和其他利益相关者的制衡关系，进而影响企业治理结构的治理效率。所以，企业资本结构优化与治理结构优化有着紧密的联系。

---

① 马克思：《资本论（1-3卷）》，人民出版社，1991：683。

1. 公司治理结构

公司治理结构是公司制的核心，它决定着企业为谁服务、由谁控制，风险和利益在投资人、管理层、职工和其他相关利益群体之间怎样分担，以及企业最高领导层怎样架构和决策。从企业组织构架角度讲，公司治理结构是关于企业股东、由股东委托的董事会机构和由董事会机构所聘任的经营者之间，对不同层次的企业权利与功能的配置方式，即“三权一体”治理模式。从权力分配上看，公司治理结构是对一个企业的经营管理和绩效进行控制、监督的制度安排，或者可以解释为是一套对公司控制权和剩余索取权进行有效配置的法规构架[①]。

2. 资本结构优化与治理结构模式

1999年5月，经济合作与发展组织（OECD）理事会正式制定并通过了《公司治理结构原则》，这是第一个政府间组织为公司治理结构开发和制定的一套国际标准。该原则旨在为各国政府部门制定有关公司治理结构的法律和监管制度框架提供参考，也为证券交易所、投资者、公司和参与者提供指导。该原则主要包括五个方面：①治理结构框架应当维护股东的权利；②治理结构框架应当确保包括小股东和外国股东在内的全体股东受到平等的待遇；③治理结构框架应当确认利益相关者的合法权利并且鼓励公司和利益相关者为创造财富和工作机会以及为保持企业财务健全而积极地进行合作；④治理结构框架应当保证及时、准确地披露与公司有关的任何重大问题，包括财务状况、经营状况、所有权状况和公司治理状况的信息；⑤治理结构框架应确保董事会对公司的战略性指导和对管理人员的有效监督，并确保董事会对公司和股东负责。

上述原则是公司治理结构最核心的要素。实践表明，公司的治理结构并没有统一的模式，但良好的公司治理结构必然具有某些共性，这些原则就是

---

① 钱颖一：“企业的治理结构改革和融资结构改革”，《经济研究》，1995（01）：20-29。

建立在不同公司治理模式共性基础之上的。

公司治理结构旨在通过建立一个良好的公司制结构以激励企业更有效地利用资源，最终实现公司的目标，公司目标也正是财务决策的目标，是追求股东财富最大化还是追求企业价值最大化或相关者利益最大化，不同的选择对企业治理结构的模式具有决定性的影响。

在西方财务理论中，资本结构是指企业的长期资本中长期负债与股东权益之间的构成与比例关系。资本结构的合理性直接影响到企业的财务状况及经营成果，直接关系到股东的权益与风险程度。无论何种企业，其资本结构总是与特定的财务目标相联系的，深入研究资本结构优化必须要研究资本结构与财务目标之间的联系。财务目标作为企业理财目标的同时，也是资本结构优化的目标，这就是财务目标与资本结构的联系。公司治理结构在确定了企业目标的同时提供了实现目标和监督运营的手段，财务目标服务于企业目标并由治理结构确定。公司治理结构具有动态性，企业财务目标作为制约财务运行的基本方向，应当适应公司治理结构的调整和变化，如果不能适时调整财务目标，财务运行体制就不可能合理，反过来也会影响公司治理结构的效率，影响企业目标的实现。这就是公司治理与资本结构优化的联系。

3. 资本结构优化与治理结构优化

党的十四届三中全会确定的国有企业改革方向是逐步建立现代企业制度，公司制和股份制是我国大中型企业改制、改组的主体思路，建立现代企业制度是要建立完善的企业治理结构，同时探索一种适合我国国情的具体形式。中国铁路总公司也是国有企业的一个重要组成部分，它不但具有一般国有企业的共性，也具有运输企业的个性。中国铁路总公司的改革，在充分考虑中国铁路总公司个性的基础上也不能脱离建立现代企业制度的正轨。

目前我国企业公司化改革进程中的治理结构，主要存在国有企业真正的所有者缺位和国有企业所有者行政化两大问题，因此，国有企业的治理结构优化应该是企业内组织结构和管理机制的优化，以便把股东、经营者、职工以及其他利益相关者融为一体，在此前提下最大限度地满足股东利益最大化。同时，投资者、政府管理者、经营者三者之间的利益冲突也就构成了中国特有委托—代理关系中的矛盾。

我国经济学家钱颖一在《中国的公司治理结构改革和融资》一文中指出：公司治理结构是一套制度安排，用来支配若干在企业中有重大利益关系的团体——投资者、经理人员、职工之间的关系，并从中实现经济利益。公司治理结构包括：如何配置和行使控制权；如何监督和评价董事会、经理人员和职工；如何设置和实施激励机制。基于上述描述，国有企业治理结构优化应着重注意以下几个方面：①发挥银行在企业治理结构中的作用，重组国有企业产权关系；②减少国有持股比例，促进产权主体的多元化，提高治理结构的效率；③弱化政府在董事会中的控制作用[①]。

与此同时，优化资本结构也必须重构银企关系，弱化政府控制作用，使产权多元化并明确各方面的权责利关系，从而调整企业债权和股权构成，达到调整治理结构中股权、投资者、经营者的制衡关系，满足各方面的利益。因此必须把治理结构优化和资本结构优化放到市场经济的大前提下研究，这也是治理结构优化和资本结构优化的目标所在。

2.7　本章小结

本章主要内容围绕铁路债务处置所涉及的相关概念进行详细阐述。具体包括企业所有制形式、企业债务、企业重组、产权理论、债转股基本理论以及资本结构理论。本章的主要目的是让读者更好地理解下文，对作者提出的改革思路有较为系统的认识。

---

① 钱颖一：“企业的治理结构改革和融资结构改革”，《经济研究》，1995（01）：20–29。

作者认为，对于国家大型国有企业——中国铁路总公司，国家需要有绝对的控制权。中铁总进行债务处置的目的之一是为了建立现代企业制度，因此需深入了解上述理论知识，尤其是资本结构理论的理解。因为国有企业债务处理无论是走产权（股权）流转还是债转股都必须面对企业的债务资本和股权资本的结构、长期资本与短期资本的结构，以及债务资本的内部结构、长期资本的内部结构和股权资本的内部结构等。

作者建议，中铁总进行产权出让时，国家必须控制50%以上的股权，而剩下的股权则需合理分配，运用现代企业的制度优势，引进先进的管理理念，提高铁路生产效益和行业竞争力。

第三章
我国铁路债务现状与风险分析

由于近年来高速铁路发展迅速，中铁总大举发行铁路债券，使得铁路债务规模达到四万亿之巨，加之铁路客运基本处于亏损状态，因此在债务持续膨胀的初级阶段就科学合理地处理铁路债务至关重要。本章就铁路债务现状进行描述，并对铁路债务潜在风险进行分析。

3.1 铁路债务的形成

3.1.1 形成的阶段

我国自新中国成立以来，加大了铁路的建设发展力度，铁路产业取得举世瞩目的成绩。本书通过铁路的投资体制进展探索我国铁路的债务形成历程，主要是包括以下几个阶段。

1. 1949～1975年铁路发展的第一阶段

1949年2月，中央军委铁道部正式挂牌办公。1949年10月，中央人民政府铁道部正式成立。1967年5月31日，铁道部归由中共中央和国务院实行军事管制。1975年1月，铁道部与交通部重新分离。自我国建国之后的27年之间，国家在铁路方面的投资规模达到477亿元。国家建立关于铁路的建设发展投资的五年计划，并且每年投资强度逐渐增强。中央政府负责管理铁路的投资建设管理工作，铁路每年向国家上缴税收。这个时期铁路的投资主要是由中央政府财政拨款，其中地方政府对于铁路建设的投资额仅仅不到铁路投资总额的1%。因此，我国铁路发展的第一阶段主要是中央政府拨款建设，铁路只是使用财政的资金进行运转，而不用承担经济责任。这一时期，中央政府决定铁路的投资规模、投资项目以及投资方案，并且中央政府拥有铁路项目的审批权。由此可以看出这一时期，国家政府负责铁路的资金问题，因此铁路并非负债的主体，相应的就没有铁路债务危机问题出现。

2. 1976～1990年铁路发展的第二阶段

1976～1990年铁路发展这十几年间，我国的铁路基本建设投资累计达到789.7亿元，比第一阶段投资规模增加超50%，其中铁路得到营业里程共增加了9163公里，复线里程增加了5863公里，电气化里程增加了6286公里，铁路建设同第一阶段发生较大的改变。改革开放前期，尤其是1978年党召开十一届三中全会之后，国家实施改革开放发展政策，调整部署了国家的经济发展工作。国家政府决定自1980年起接受来自外国政府以及国际金融组织的相关优惠政策。1985年，国家政府对于铁路建设的投资计划由原先的中央政府拨款为主的方式改为采用银行贷款的方式获取资金进行铁路建设，并且为了提高国家经济效益，铁路也可以采用有偿使用中央政府资金的方式。1986年，当时丁关根部长提出铁路系统内部“大包干”的方针，将原本收归于铁道部的财务、劳资、人事等权力直接下放到各地路局，试行铁路行业的经济责任大包干。这个时期铁路运营大包干的方式。大包干的具体方式是铁道部将采用承包的方式进行运营，比如承包国家的运输任务、铁路建设规模、机车车辆生产任务以及机车车辆购置费等等任务。国家通过大包干的方式进行对铁路政策的调整，从而将铁路原先的收、支两条线的财政体制改变，更多地发挥铁路自身的经济创造能力和技术能力。我国政府在“六五”期间，减免了铁路所欠的所有本息，但是铁路仍然还有其他负债44亿元。到了“七五”期间，铁路不能完成国家下达的建设项目任务，所需要大量资金缺口只能通过向银行借贷来满足，仅仅五年的时间铁路向银行借款175亿元。另外，这一时期，铁路需要按照6.84%的年化利率计算利息，而并没有像其他交通部门享有贴息优惠。1989年之后，国家对于机动车的购买款反而提高了利率，由原先7.92%增加到了高达9%。这一时期人民币汇率的下降也加大了铁路负担，尤其是在购买外国技术以及相关设备方面负债更多。这一时期，铁路的负债逐渐增多，却没有考虑到铁路产业的特殊性，存在建设周期长，投资回收期长但贷款期限却相对短的问题，这些原因共同造成了铁路负债的大幅度增加。

3. 1991～2005年发展的第三阶段

自1991年以来，我国铁路进入了快速发展的时期，这一时期我国铁路的投资总规模达到了1210.85亿元，远远超过之前几十年的投资规模，是新中国成立以来投资规模最大的阶段，但是“八五”期间的物价不断上涨，铁路运价却长时间内都没有根据物价上涨情况进行相应调整，铁路产业已经出现全行业亏损问题。1991年3月，国务院同意建立铁路建设基金用于铁路建设。到了“九五”时期，用于铁路建设的资金虽然已经投入将近3400亿元，但是永远不能满足铁路运营的资金需求，铁路运营还需要超过50%以上的资金要靠其他融资渠道才能解决。1992年铁道部进行现代企业制度试点。1993年广铁集团挂牌成立。1995年大连铁道有限公司成立。1998年铁道部逐步加大了改革力度，包括物资、建筑、通讯以及工程等五大总公司实施结构式分离。

“十五”计划期间，由于铁路建设进行路网建设与装备升级这两方面运作，铁路运营需要更多的资金量。根据1999年时期的价格估算，“十五”期间铁路大约需要投资3500亿元。而这个时期铁路所面临的债务已高达1600亿元，铁路不仅要解决资金的大量缺口问题，同时还要解决还贷款的问题，铁路所承担的债务数量不断增加。但是由于铁路建设项目的特殊性，建设项目投资规模大、投资周期长、回收慢、收益率不高等特征，导致铁路无法同其他行业进行大额融资，融资难题是铁路运营中很难解决的问题。2000年，铁道部部长傅志寰首次指出我国铁路需要进行改革，并提出“网运分离”的改革模式。由于铁路在筹资过程中政治的投资支持缺乏，同时铁路所带来的收益不能及时偿还债务，这就导致了铁路的发展陷入债务资金运营模式。

4. 2005年至今铁路发展的第三阶段

从2008年以后，中国铁路的新增营运里程开始进入4000～5000km的范围，而新增里程中有相当比例是由于高速铁路通车营运的贡献。考虑到任何铁路的修建需要经历一段时长，高速铁路建设周期一般为3年，所以，中国铁路建设规模的真正扩大应该从2005年算起，与此相对应的是中国铁路债务规模急剧扩大，从2006年的0.6万亿上升到2016年9月底的4.29万亿，10年时间里，债务规模扩大了近7.15倍。可见该阶段为债务形成的主要阶段，并体现国家大力发展高速铁路战略的意志。

3.1.2　形成的原因分析

1. 铁路高速发展需要进行大规模的基础设施建设，而同期财政投入不足是债务形成的客观原因

建国至今，尤其是最近十多年，我国铁路取得了举世瞩目的成绩。自2004年初版《中长期铁路网规划》（以下简称《规划》）发布以来，铁路加大了建设力度。2016年李克强总理主持的常务会议中，新通过的《规划》为我国铁路发展做出的远景规划为：为适应全面建设小康社会的目标要求，铁路网要扩大规模，完善结构，提高质量，快速扩充运输能力，迅速提高装备水平。到2020年，全国铁路营业里程达到12万公里，主要繁忙干线实现客货分线，复线率和电化率分别达到50%和60%以上，运输能力满足国民经济和社会发展需要，主要技术装备达到或接近国际先进水平①。

① 资料来源：《中长期铁路网规划》。

自《规划》发布以来，我国铁路进行了大规模的建设，在不断完善既有线网络，进行电气化、复线化改造，提升技术装备水平的同时，大力发展高速铁路。2015年底，全国铁路营业里程达到12.1万公里，其中高铁营业里程超过1.9万公里。复线里程6.4万公里，复线率52.9%；电气化里程7.4万公里，电化率60.8%。西部地区营业里程4.8万公里；全国路网密度126公里/万平方公里[①]。2004～2015年我国铁路营业里程情况如表3-1所示。

表3-1　　2004～2015年我国铁路营业里程

年份	全国铁路营业里程（万公里）	全国铁路固定资产投资（亿元）
2004	7.4	
2005	7.5	
2006	7.7	
2007	7.8	
2008	8.0	
2009	8.6	
2010	9.1	
2011	9.3	
2012	9.8	6339.7
2013	10.3	6657.5
2014	11.2	8088.0
2015	12.1	8238.0
2016	12.4	8015.0

资料来源：根据相关铁道统计公报资料整理。

铁路建设资金主要来源为贷款、发债以及国家财政支持。铁路建设需要大量的资金，而国家对于铁路的财政支持虽然逐年在增加，但也无异于杯水车薪。2015年我国铁路完成固定资产投资8238亿元，而中央对于交通运输业的财政预算支出仅为806.89亿，其中还包括对其他交通运输方式的预算支出。每年铁路建设的资金缺口，只能通过铁总自筹资金的渠道来解决。所

① 资料来源：《2015年铁道统计公报》。

以，从某种程度上看，铁路负债主要是用于弥补国家财政在铁路基本建设方面的资金投入缺口，铁路债务本质是我国扩张性经济政策的产物，是历年国家铁路财政投入不足形成的负债。

2. 铁路的公益性质，是导致铁路债务规模急剧膨胀的重要原因

长期以来，铁路行业是作为公益性的行业，是国民经济基本的交通运输方式，但是为了铁路的不断发展，铁路借入了高额的负债，将铁路的便利分享给广大社会。在财政经费投入不足的情况下，国家鼓励铁路的举债行为，这导致铁路贷款收益与风险不对等的情况，由于我国铁路长期以来是处于亏损运营状态，导致铁路更加无力偿还贷款。当铁路负债出现难以偿还的情况时，最终必将由政府出面解决，成为铁路贷款的“隐私担保者”和“最终还款人”。

3. 资金管理不善引发不良债务加剧

由于体制上的原因，铁路运输企业长期以来未建立起真正意义上的现代企业制度。企业产权不清，责、权、利不明，经常出现项目投资超概算的现象，使铁路建设成本上涨较快，从50～60年代的每公里数十万元上升到90年代的数百万元。扣除技术进步和劳动成本上升的因素，资金运用管理不善也占一定比重。总体上说，银行、企业行为的预算软约束也造成了大量不良债务。另外，各运输企业的资金较为分散，在途资金多，运营资金紧张，形成了运输企业之间的三角债，甚至是纠缠不清的债务链[①]。

而且，目前我国缺乏对铁路投资资金使用情况的绩效考核，铁路普遍缺乏资金成本收益观念，投资资金使用效益不高，浪费、无效、低效使用情况较为严重，加剧了铁路债务风险。

---

① 杨晟、曹钟勇：“我国铁路债务问题分析”，《上海铁道大学学报(理工辑)》，2000（12）：104-108+1。

3.2 铁路债务现状分析

根据中国铁路总公司2015年度第一期、第二期短期融资券募集说明书的数据显示，我国铁路债务构成如表3-2所示。

表3-2 我国铁路债务现状

项目	2011年12月		2012年12月		2013年12月		2014年12月		2015年6月	
	金额（亿元）	占比（%）	金额（亿元）	占比（%）	金额（亿元）	占比（%）	金额（亿元）	占比（%）	金额（亿元）	占比（%）
短期负债	1181	4.9	696	2.49	694	2.15	871	2.37	1110	2.88
应付款	4690	19.44	5102	18.27	5524	17.13	5604	15.25	5233	13.56
短期债务	5871	24.33	5799	20.77	6218	19.28	6474	17.61	6343	16.44
国内借款	17399	72.11	21299	76.27	25284	78.38	29510	80.29	31102	80.6
国外借款	148	0.62	128	0.46	114	0.4	116	0.32	115	0.3
其他	709	2.94	700	2.51	647	2	654	1.78	1030	2.67
长期债务	18256	75.67	22127	79.23	26041	80.72	30281	82.38	32247	83.57
负债合计	24127	100	27926	100	32259	100	36756	100	38589	100

资料来源：铁道部或中国铁路总公司年度或半年度报告。

铁路债务的构成，大部分都是铁总通过贷款、发债及各种短融方式筹集的。目前占主导地位的铁路建设投融资模式单调，资金来源单一，约80%的资金均来自于银行借款。从债务的偿还期限来看（如图3-1我国铁路债务构成所示），铁路债务70%左右是长期债务，且长期债务近年来的比例逐渐上升。

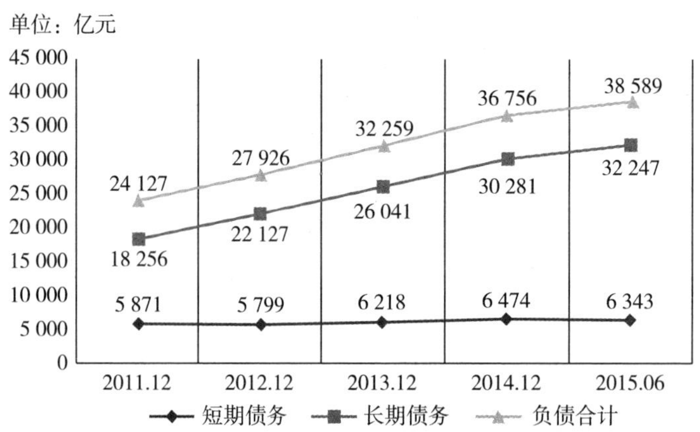

图3-1 我国铁路债务构成

通过对我国铁路债务现状分析，我国铁路债务存在负债比率不断上升、还债压力不断增加、债务结构不合理以及债务主体不清等问题。

3.2.1 负债比率不断上升

我国铁路运营以来，对于基础建设的投资逐年上升，而应对投资总额的不断扩大，铁路必须通过向外负债才能够尽可能弥补大量的资金缺口。我国铁路的负债率近年来不断上升，对外负债负担不断加重。在铁路投资规模不断扩大的环境下，我国铁路所面临的债务绝对值是呈不断上升的趋势，并且上升速度较快。另外，我国铁路所面临的负债上升速度相对于铁路的资产上升速度以及所有者权益的增长速度相比较，负债上升速度明显较快，这样不利于我国铁路的进一步发展。通过分析铁路的债务构成，大部分债务来源于铁路的基本建设，基本建设的负债大约占到我国铁路总负债的一半以上。我国的铁路债务不断上升，但是国家财政对于铁路的预算投资力度反而相对减少，因此，我国铁路需要从外部筹集资金，大部分都是通过借款，这就导致了我国铁路的负债不断增加，加重了铁路的运营成本。

3.2.2 还债压力不断增加

我国铁路的债务负担较重，并且存在负债期限不合理的问题，我国铁路在银行的中长期贷款期限不合理，基本时间都较短，比如在国家开发银行的贷款主要是以8年或者13年为主，还款期限较短而再加上铁路的收益回收较慢、期限长、更加加重了铁路还债压力。我国铁路虽然通过发行铁路债券获得直接融资资金，但是所发行的铁路债券大部分都是短期，主要以3～5年为主，这与铁路行业的利润回收不相匹配，因此，这就会导致铁路还本付息压力加大。特别是近几年铁路的投资规模增大，相应的铁路为了获得更多的资金支持投资规模的建设所带来的债务也不断扩大，加剧了铁路的运营成本。另外，由于铁路的特殊性，并没有享受我们银行贷款的优惠利率，跟普通的商业贷款没有区别，并且跟同期的国外贷款政策相比，利率还更高，这又进一步造成了铁路的融资成本高，加重还款付息的压力。由于铁路的高额负债，承担着严峻的还本付息压力，这对于新的铁路线路的建设产生很大影响，铁路的还债压力不断增加。

3.2.3 债务结构不合理

我国铁路的融资渠道近年来发生了相应的变化，包括国内银行、国外金融机构以及发行铁路债券，虽然投资主体发生了多元化的变化，但是我国铁路存在体制问题以及历史债务问题等原因，尤其是铁路的基础建设中对于新的铁路线的投资不断造成铁路债务增多，我国铁路的融资结构相对单一，大多依赖我国国内的银行获得贷款解决大部分的资金缺口。在我国铁路的负债结构中，国内银行借款占比超过一半以上，世界银行借款以及日元借款等其他借款占比相对较少，并且在国内银行借款中大部分以国家开发银行的中长期借款为主，借款数额呈上升趋势。由此可见，我国的债务结构相对单一，这样不利于更多地享受各融资渠道的优惠组合，不能有效获得利息低且贷款期限长的相关贷款优惠政策。

3.2.4 债务主体不清

作为我国大型的国有企业，中铁总一直面临政企混乱的问题。铁路的债务管理方式，主要是通过原先的铁道部向外借款，因此，铁道部被认为是偿还铁路债务的主体，这正是长久以来铁路债务主体不清、政企不分导致的结果。从两方面具体解释，一方面，铁路行业作为公益性的行业，主旨是为国民提供便捷的交通，但是为了铁路的顺利运营，铁路借入了高额的负债，将铁路的便利分享给广大社会，但是国家政府却没有承接铁路所负担的债务，将这些债务全部由铁路自身负担，债务主体分不清无疑给铁路债务还款带来更多负担。另一方面，在我国铁路行业中《铁路法》指明铁路局和铁路分局是作为两级不同的法人，理论上这两级法人应该作为铁路行业市场中的参与主体，但是在实际运营中铁路局及铁路分局缺乏真正决策自主权，尤其关于铁路的债务归还问题都由有国家政府决定，而铁路局却没有真正的决定权，政府与铁路局二者之间的职责未划分清楚，导致铁路的产权出现混乱问题。政府决策了铁路的大部分投资计划和项目方案，并且政府主要是处于铁路的公益性质而进行投资决策，却缺乏考虑铁路的资金周转问题，以及债务的归还问题，在实际中铁路的债务偿还还是由铁路承担，而政府却未对铁路高额债务的归还给予帮助。因此，铁路长时间都受到国家的管制，所投资的项目回报率低，加上铁路特殊的行业性质，导致铁路的一些线路建成以后出现亏损问题。铁路债务主体的不明晰，对于后续铁路的债务归还问题造成很大影响。

3.3 铁路债务风险分析

3.3.1 从债务规模分析铁路债务风险

中国铁路总公司（中铁总）2016年5月3日发布了《中国铁路总公司2016年一季度审计报告》以及《中国铁路总公司2015年财务报告》。两份报告显示，2016年一季度中铁总实现收入合计2008.53亿元，税后利润为亏损87.27亿元，亏损幅度较上年同期的64.61亿元增加35.07%。截至2016年3月末，中铁总资产总额为6.35万亿元，较上年末增加1.65%，而负债继续上升，达到4.14万亿元，较上年同期的3.75万亿元增加0.39万亿元，同比增幅10.4%，较

2015年末增1.2%[①]。

高负债意味着高额的银行利息。来自中铁总2015年年报的数据，2015年一年中铁总还本付息的金额为3385.12亿元，其中利息为779.16亿元，还本付息金额比2014年增加2.52%，比2013年增加56.91%。2015年全年，公司总收入合计9162.58亿元，较上年同期减少785.95亿元，同比减少7.9%；净利润6.81亿元，较2014年的6.36亿元增逾7%。

虽然中铁总负债额度进一步提升，但负债率却持续降低，继2015年三季度首次由2015年年中的66.32%降至年末66.0%后，2016年第一季度继续降低至65.20%。分析称，中铁总在近一年来，总资产增幅多次跑赢总负债增幅，是中铁总负债率持续降低的原因。2016年第一季报显示，中铁总资产6.35万亿元，同比增加幅度达到12.19%。2016年，中铁总计划开工项目45个，铁路计划完成固定资产投资8000亿元。2016年一季度，国家铁路基本建设投资完成727.43亿元，同比增长14.65%。

再者2016年9月，国家发展改革委批复中国铁路总公司关于发行中国铁路建设债券的申请中核准3000亿元债券中的1000亿元用于债务结构调整，这说明中国铁路总公司的债务到了难以承受的地步，所以铁路急需进行全面的改革以扭转形势。

铁路偿债能力方面，已有研究表明[②]：铁路的流动资金较少，资产变现能力差，使铁路短期还债能力非常弱；从长期偿债能力来说，铁路信誉好，资产雄厚，有较好的长期偿债能力，但如果达到长期债务偿还的高峰期，很大一部分长期债务就会变成流动负债，所以铁路的债务问题总的来说不容乐观。

---

① 中国铁路总公司2015年年报与2016年第一季度季报。

② 杨晟、曹钟勇："我国铁路债务问题分析"，《上海铁道大学学报(理工辑)》，2000（12）：104–108+1。

3.3.2 从融资结构分析铁路债务风险

目前我国铁路偿还能力还是有保障的，一个主要是铁路建设是由国家来担保的，这给我国铁路债务融资提供了保障。铁路的建设资金可以偿还到期的本息，同时我国铁路行业总资产规模大，如果发生支付问题可以用债务重组等方式以资产偿还债务。由于我国在铁路建设资金市场还没有建立完善，很多社会闲散资金不能得到有效利用，公益性和盈利性铁路并存，造成我国铁路盈利能力相对来说比较弱。这就需要在偿还能力的前提下，降低负债率，合理安排融资结构[①]。

对于铁路建设来说单一的融资渠道将会加大债务风险，采取混合型融资方案将有利于解决债务风险问题，根据企业的总体目标采取间接融资和直接融资方式，混合型融资方案主要是通过对各种融资方式进行阶段性系统性资金筹划。这就需要铁路部门在巩固原有的建设资金融资渠道，适量扩大债券发行规模，对于公益性比较强的铁路建设项目，加大国债等中央财政预算内资金的投入，通过一定的方式进行民间融资，积极吸引外商直接投资铁路，多元化融资。在国家政策允许的范围内，允许外商直接参与铁路支线的网络建设和经营，采取控股形式——中方控股的模式建设铁路，同时国家要采取相应的措施，为外商提供投资的外部环境。在积极引进外资的同时，还需要鼓励国内闲散资金参与铁路建设，开辟新的融资渠道，发挥好地方政府的作用，为社会的闲散资金创造一个良好的投资环境和法律保护。

铁路建设资金短缺是客观事实，但是社会上也有很多的闲散资金，如何让这些闲散资金更好地服务铁路建设，这是铁路部门以何种方式进行融资所要面对的现实问题，一方面需要铁路部门转变经营模式，规范市场行为，用比较可靠的经营模式取得投资者的信任；另一方面国家也要对铁路建设进行更为严格的监管，严格按照相应的程序办事，规范中介行为，为债务融资创造一个良好的外部环境，让铁路建设获得足够的资金，能够健康快速地发展。

---

① 刘大玲："我国铁路债务融资及风险防范分析"，《现代商贸工业》，2012（01）：186。

3.4 本章小结

本章主要内容从三个方面入手：1.1铁路债务的形成；1.2铁路债务的现状；1.3铁路债务风险分析。1.1节主要讲述了三点：首先，铁路高速发展时期，国家财政投入不足是导致铁路巨额负债的重要原因；其次，铁路承担公益运输和建设公益线路是铁路债务持续膨胀的主要原因；最后，是企业自身资金管理不善引发不良债务加剧。1.2节主要讲述了铁路债务现状，主要包括铁路负债比率不断上升，还债压力增加，债务结构不合理，以及债务主体不清四个原因。1.3节从历史数据分析铁路巨额债务给企业带来的风险。

作者认为，我国铁路债务处置工作已经刻不容缓。铁道部政企分离后，中国铁路总公司继承了原铁道部的所有资产与债务。截至2016年9月底，中国铁路总公司总负债已达到4.29万亿元。通过分析，高速铁路快速发展直接导致铁路负债的迅猛扩张。2016年7月，国家发展改革委、交通运输部、中国铁路总公司联合发布了《中长期铁路网规划》，勾画了新时期“八纵八横”高速铁路网的宏大蓝图。可以预计未来十年内，我国铁路负债规模将持续扩大。而且，铁路目前短期还本付息能力较差，极易造成铁路行业资金链断裂，造成市场秩序混乱。

作者建议，国家应加快铁路债务处置进程。铁路债务处置涉及面广，政策性极强，可成立相关课题小组，组织专家研究债务处置相关内容，尽早提出铁路巨额债务解决方案，以供决策时参考。

第四章
国外铁路改革进程中债务处置的实践与启示

历史上，例如日本、法国、德国铁路也遇到过我国铁路现阶段债务庞大的问题，虽然各国国情、路情大不相同，但是由于铁路行业具有垄断、公益等共同特性，因此他国铁路债务处置对于我国具有一定的参考价值。

4.1 日本“国铁”改革中债务处置及其特点

日本国铁民营化改革彻底分离了国铁的所有权和经营权，并通过市场竞争机制的作用，借以提高企业的经济效益。以出售股票的方式改变企业的经营管理机制，使国铁逐步走向民营化。结果是长期巨额亏损的日本特大型国有企业——日本国有铁道公社（“国铁”）于1987年3月31日宣告解体，4月1日脱胎于原国铁的民营JR集团宣告成立，之后实现了扭亏为盈。日本“国铁”改革的成功，在世界上引起了广泛的关注。

4.1.1 日本“国铁”改革：背景介绍

日本的铁道事业于1872年由明治政府开创，当时由于政府财政困难，曾经鼓励民间开展铁道事业。1906年日本为了奠定现代国家的基础制定了《国有铁道法》，对17家私营铁道公司实行国有化。日本铁道战前曾作为政府直营事业，1948年改组为公共事业体，后来根据1949年的《日本国有铁道法》设立了特殊法人——日本国有铁道。日本国有铁道属于“公社”

形态的公营企业。日本设立“公社”的意图，一方面是便于国会及政府对其进行规制，确保国铁事业的公共性；另一方面是公社事业在经营上赋予公社业务活动的企业性，便于引进民间的效益经营技能和方法。但由于国会及政府干预力量过大，加之60年代以来交通运输结构的变化，铁路在交通运输领域中的垄断地位逐渐减弱，国铁经营不断恶化，其经营的弊端也暴露出来[①]。

从体制方面来看，首先，“公社”这种公营企业形态强调很强的公共性，国铁在预算、人事安排、运费以及对重要设施的投资等经营的各方面受到国会或政府的严格监督和限制。这种干预最直接的表现就是本来已经出现赤字的线路，由于政治力量强加建设，导致国铁亏损额的大幅增加。其次，“公社”制度使企业缺乏经营自主性。经营自主性要求企业能够在人事权、财政权和经营方针的决策权三方面随时根据需求状况做出适当的调整，能够进行合理的人员配置和独立核算，有较高的工作效率。国铁在这方面很欠缺，比如在人事权方面，国铁的人员任用制度有学士制和地域任用制，通过学士制任用的职员一般都是领导阶层，被分配到地方两三年之后要回到总公司，因此他们总是迎合总公司的意愿来处理地方事务，缺乏作为经营者的主动性，也容易造成经营责任不明确[②]。从经营方面来看，全国一体化经营已不能适应旅客需求的变化。国铁作为一个巨大的企业集团，在全国拥有21000多公里的铁路线，每天大约有850万人次的旅客运输量和27万吨的货物运输量，这种大规模的经营使国铁不能根据各地运输结构和需求的变化做出灵敏的反应。而且，私铁及航空业发展逐渐成熟，他们通过完善的服务疯狂抢占运输市场份额。国铁在国内运输领域的比例逐年下降，1980年其比例是客运方面占24.7%，货运方面占8.4%；到1983年客运仅占全国的23.5%，货运仅占7.2%。“公社”制度使国铁本身受到政府限制，国铁实行的全国一元化经营也脱离了日本交通结构的实际情况和各地区经济发展的实情，经营日益

① 张健、王金林：《日本两次跨世纪的变革》，天津社会科学院出版社2000年版。

② 三塚博：“国鉄を再建する方法はこれしかない”[J]，政治広報センター，1984（08）。

恶化。国铁在1964年第一次出现300亿日元的赤字后，赤字幅度日趋扩大，在国铁时代的后13年里提高运价11次，但赤字幅度仍是年年扩大。1980年赤字额达1.0084兆日元，1985年出现了1.6兆日元的巨额赤字，在1987年民营化之际债务总额达到37.1兆日元。政府和国铁当局也曾协同制定和实施了裁减职员、修改运费、政府财政补贴债务等经营改革方案，但由于没有变更其经营体制，经营恶化状况未能得到控制。这种情况下，日本政府经过多年酝酿，终于在1987年4月1日实行了对国铁的分割民营化改革。

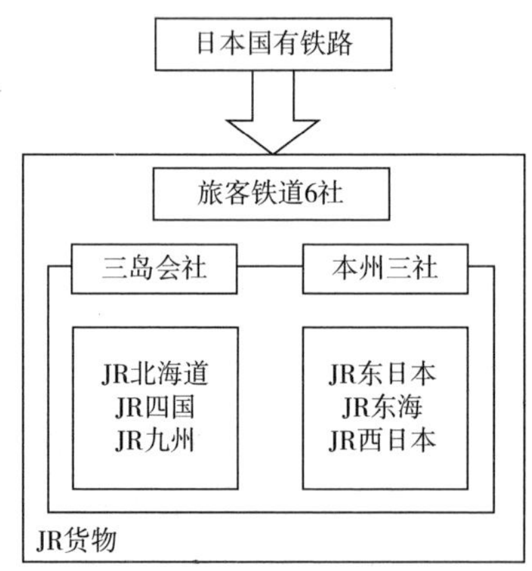

图4-1　日本国铁分割示意图

4.1.2　日本“国铁”改革：债务处置及其特点

1. 改革历程

1981年3月第二届临时行政调查会（“临调”）立项调查“国铁”的问题，制定改革方案，直到1987年4月1日“国铁”实现民营化为止，“国铁”改革的全过程长达6年之久。对于“国铁”来说，改革的难度，固然主要来自其问题的性质，但是内部一致对“临调”采取不合作的态度也不能视而不见。1982年7月，“临调”提出实行民营化改革的咨询报告。政府接受这个报告，并决定重建“国铁”监理委员会，表现了政府的决心；但是，“国铁”、运输省、自民党对咨询报告态度消极，在“国铁”内部占压倒优势的现状维持派采取了同监理委员会对立的姿态。1984年冬，“国铁”总裁又提出了与分割民营案不同的、全国一家公司制的“国铁”民营化方案。现状维持派以此为盾牌，谋求批判监理委员会方针的田中角荣的支持，但是由于田中病倒而失败。终于，中曾根首相更换了以“国铁”总裁为首的7名现状维持派高级干部，起用新总裁，才使民营方案走上轨道。

“国铁”改革的基本思路是：①为克服公社制度所带来的问题，必须实行民营化；②为克服全国一元化的经营所带来的问题，必须将“国铁”分割。中曾根内阁通过了最大限度尊重监理会咨询报告的内阁决定，并在1986年向国会提出了《日本国有铁道改革法》等与“国铁”相关的法案，并在众参两院通过，从而使“国铁”的分割民营成为现实。

根据《国铁改革法》：①在经营形态方面，将旅客部门按地区分为6家公司，即北海道旅客铁路股份公司、东日本旅客铁路股份公司、东海旅客铁路股份公司、西日本旅客铁路股份公司、四国旅客铁路股份公司、九州旅客铁路股份公司。货物部门同旅客部门分离，成立日本货物铁路股份公司。分割后的公司都是由“国铁”实物出资的特殊公司。②在政府补助方面，为北海道、四国、九州即所谓三岛公司设置经营稳定基金。③在股票上市方面，没有股票的上市方法和政府拥有股票的义务。这意味着将来允许完全民营化。④在继承长期债务方面，仅限于本州3家公司，三岛公司没有继承义务，其他全由清算事业团继承。

1988年5月30日，JR7家公司发表了首次决算报告。根据该报告JR7家公司的营业利润为3523亿日元。1986年度日本企业决算中，经营利润最大的野村证券是4938亿日元，第二位丰田汽车是2484亿日元。JR7家公司的营业利润额超过了第二位的丰田，也超过了大型私铁13家公司的营业利润总额的2404亿日元，被传媒称为“国铁民营分割的大成功”，“JR的大成功”。

2. 债务处置

“国铁”的长期债务高达37.5万亿日元，JR公司若将其全部继承，因其利息负担过大，JR公司年度收支不可能出现利润，因此，长期债务的三分之二由政府在“国铁”改革之际以继承原“国铁”的一部分财产与债务的形式而设立特殊法人——国铁清算事业团继承，JR公司只继承其余三分之一。可见政府实际承担了日本“国铁”的大部分债务，很大程度上减轻了企业的还贷压力。在人员安置方面，日本铁路改革前一年（1986年）员工总数达27.7万人，其中20.07万人由各铁路公司录用，3.91万人自愿退休，2.37万人转入清算事业团，0.73万人转入其他政府部门，另有0.63万人通过其他方式安置。

国铁清算事业团的资产主要是：①JR公司的股票，②原国铁所有的土地中除JR公司的铁道事业必用以外的剩余土地。清算事业团须将其资产（股票和土地）卖掉，用以偿还长期债务。不过，若是其资产收入尚不足以偿还债务，最终就不得不让国民负担和用税金偿还。

然后，“国铁”进行民营化分割之后，日本政府根据JR集团各企业的发展情况合理分配各个企业的债务承担额。拥有东京的JR东日本、拥有名古屋的JR东海、拥有大阪的JR西日本由于经营环境较好，可望有较大的盈利；相反，处于人口密度较低地区的JR北海道、JR四国、JR九州，估计会出现赤字经营。为了调整因环境差异而引起的收支差距，使全部的JR公司都能得到适当的利润，主要采取了如下措施：

第一，在“国铁”37.3万亿日元的长期债务中，由JR公司所承担的11.6万亿日元的债务仅让可望获大利的JR东日本、JR东海、JR西日本、JR货物公司承担，而估计会出现收支赤字的JR北海道、JR四国、JR九州（称作“三岛公司”）则不承担债务。

第二，分别给予JR北海道、JR四国、JR九州三公司6820亿日元、2080亿日元、3880亿日元的经营稳定基金，以其收益弥补经营赤字。

3. 债务处置特点

日本国铁债务处置特点主要可分为三点。

①利用公司相关资产偿债。政府成立国铁清算事业团，全责处理“国铁”相关资产，例如JR公司股票以及其他剩余土地资产。如若“国铁”相关资产不足以弥补债务，则利用国民税收进行偿还。

②政府承担主要债务。对原国铁承担的长期债务（包括将来负担的退休金债务等）作以下处理：客运等新公司承担14.5万亿日元，剩下的交由国铁清算事业团处理。

③合理分配各企业债务承担额。对于经营状况良好的3家客运企业（JR东日本、JR东海、JR西日本）和1家货运企业，则要求承担相应债务；而其他3家经营状况不好的企业（JR北海道、JR四国、JR九州）不要求承担债务，并且政府给予经营稳定基金。

4.2　德国铁路改革中债务处置及其特点

4.2.1　“德铁”改革：背景介绍

德国1835年7月开通第一条私人铁路（纽伦堡—菲尔特）；1860年初步形成全国性的私人铁路网；1871年起，德国政府开始对铁路实施监管，各州政府开始建立州属铁路；1920年4月，德国政府开始建立国有铁路，全国铁路达58370km；1924年2月，成立德意志帝国铁路公司，并收购私有铁路；1951年，东德成立民主德国铁路，西德成立德意志联邦铁路；1994年，东西德统一后，铁路实行改组合并，成立了德国联邦铁路股份公司（DB集团）、联邦铁路管理局、联邦铁路资产局。

与世界各国一样，随着汽车产业及水路、航空运输的快速发展，德国铁路在运输市场的主导地位迅速衰退。但是，德国铁路作为国营企业，既受到政府公众服务和预算法的双重制约，还要承担自负盈亏，产生企业赢利回报。为改变这种不利局面，从1949年开始德国铁路先后进行了17次改革。

4.2.2 “德铁”改革：债务处置及其特点

1.“德铁”改革阶段

德国铁路改革的目的是使其能够在市场经济竞争中摆脱亏损的困境，成为独立的以赢利为目的的服务性企业。德国铁路改革的基本思路可以归纳为：以市场为导向、私有化为方向，实行政企分开，按照“网运分离”的模式，细分运输市场，实现铁路运输企业经营多主体的市场化运作。近20年来，德国铁路经历以下改革阶段。

第一阶段：从1994年起实施政企分开。在原东、西德铁路基础上，成立DB集团作为联邦政府独资的铁路股份公司。

第二阶段：1999年DB集团内部分离，分成集团公司的管理部门和长途客运公司、短途/地方客运公司、货运公司、铁路基础设施公司、旅客车站公司5个分公司，每个分公司都有权以股份有限公司的身份独立经营各自的业务。这5个分公司同时还分别作为指定联营公司和其他参与公司的管理公司。随着DB集团全球业务的拓展及物流业务的发展，2005年DB集团进行了集团重组，将主营业务整合为客运、货运物流、基础设施三大板块，基础设施业务板块由DB集团直接经营管理，客运和货运物流板块由DB集团成立全资子公司DB运输物流集团经营管理。

第三阶段：德国铁路改革进入私有化阶段。DB集团曾经讨论将公司全部拆分成小公司逐个上市。2006年6月底，DB集团董事会明确表示公司将进行首次公开募股。2008年5月，德国联邦议院批准了DB集团部分私有化计划，这为德国铁路上市奠定了基础。但到2008年底，由于受金融危机的不确定因素影响，计划中的资本私有化进程被无限期推迟。2011年1月，首次公开募股计划完全被取消。目前DB集团仍然为国有独资的股份公司。因此，德国铁路现在采取“私有化经营、国家100%控股的股份制管理方式”。同时，市场开放使德国铁路的自由竞争局面初步形成。

2.“德铁”债务处置

德国铁路公司早先所承担的债务金额650亿马克，由联邦政府通过出让铁路公司的土地偿还，并且仅仅保留部分铁路运营所需的土地。其中铁路的通信部门与外部公司进行合作，主要是同美国AT&T公司及德曼内斯曼公司联合共同成立专门的通讯公司，铁路付费使用通信系统。改革之后的铁路公司，不需要承担社会公共责任，可以自由根据自身的运营需求进行运作。德国联邦政府若是要铁路承担公共责任，则需要支付相应的费用给铁路公司。德国铁路中的短途客运业务长期以来处于亏损状态，因此联邦政府需要对短途客运给予一定的财政补贴。短途客户改革可以根据各区域实际情况实施改革，联邦政府可以选择价格服务优惠的承运者进行承运，铁路的经营者也没有理由将日后的自身经营无效归结于承担了公共责任，而要从自身的运作管理上寻找改进方法。德国联邦政府通过对铁路实行分离政策，以股份制公司为运作方式探寻新的模式后，铁路出现了大的转变，从原先一直亏损的状态扭转过来，目前连年获得盈利，精简职工数量，提高了工作效率，铁路运作向更好态势发展[①]。

根据德国铁路改革的目标，德国铁路改革采取外部改革与内部改革同步进行。外部改革方面，德国铁路实行重组合并，成立联邦铁路管理局、联邦铁路资产局和德国联邦铁路股份公司，将政府职能与企业职能相分离，实施政企分开，在放开运输市场参与竞争、实现铁路运输企业经营多主体的市场化运作等方面取得了较好的经验。内部改革方面，德国铁路通过加强监管体

① 应晓慧：”铁路债务问题比较研究“，北京交通大学，2015。

系建设，明确机构设置职能，将DB集团的基础设施、客运、货运物流三大核心业务分为9个业务单元，逐步加强内部配套改革。与此同时，德国铁路改革立法先行，建立完备的技术标准体系，制定线路使用费标准体系，实施货运物流全球扩张战略等。这些改革措施也为我国铁路结合国情与路情制定符合实际的铁路改革模式，提供了有益的借鉴和参考。

3. “德铁”债务处置特点

债务处置特点主要有三点。

①德国联邦政府承担全部债务。德国联邦政府通过出售铁路多余用地以清偿650亿马克债务。

②德国联邦政府进行相应补贴。对部分亏损线路给予一定的财政补偿。

③铁路实行私有化运营。铁路企业实行私有化运营后，公共事务与企业一般经营事务同等对待，将收取相应费用。

4.3 法国铁路改革中债务处置及其特点

4.3.1 “法铁”改革：背景介绍

1997年以前，陆地运输是法国国内主要运输方式。在货运市场中，公路运输所占份额为67%，铁路不到25%；客运市场中，公路占80%以上，而包括公共汽车、铁路、民航在内的公共交通运输份额不到20%，铁路份额不到10%。1997年2月13号，法国总统颁布《改革铁路运输业，成立“法国路网公司”公共机构的政令》，对法国铁路管理试行重大改革。改革主要涉及以下三个方面原因[①]：

① 刘朝晖：“我国铁路货运体制改革与发展的研究”，西南交通大学，2005。

1. 调整运输政策，支持铁路发展

20世纪80年代以来，欧洲发达国家政府普遍遇到交通运输失调问题。由于公路运输对环境污染严重，法国政府认识到：发展铁路是交通运输的根本出路，所以应该增加政府对铁路的投资。

2. 减轻法铁公司的债务负担，创造企业自负盈亏的基本条件

80年代以来，法国陆续建成了一千多公里的TGV高速线，其资金来源主要靠法铁公司发行债券和贷款。由于投资大，周期长，回收慢，法铁公司债务负担越来越重。政府意识到：政府让法铁公司投资建设、具有一定公益性质的铁路线路，政府有责任解决法铁公司的巨额建设债务，同时要使它轻装上阵，真正成为一个适应市场的自负盈亏的企业。

3. 适应欧洲一体化的政策要求，为开放本国铁路，参与欧洲运输市场竞争创造条件。

欧盟各国铁路基础设施与客货运营都有不同程度的分离，各国铁路公司都积极准备参与欧洲市场竞争。法国是欧共体倡导者之一，在各种改革趋势面前，当然会积极探索适合本国国情的铁路改革途径。同时也为法铁公司摆脱基础建设负担、增强市场竞争能力创造基本条件，还有利于政府之间在路网技术标准、基础设施使用费等方面的协调，为实现路网开放奠定基础。

4.3.2　“法铁”改革：债务处置及其特点

1. “法铁”债务处置

法国到1997年1月1日改革前，国营铁路公司（SNCF）累计负债2080亿法郎，仅1996年一年就经营亏损10多亿法郎。1997年1月1日，法铁按国家

法令规定，实行“上下分离”。法铁公司由于国家实行债务重组，得以摆脱重负，成为自主经营、自负盈亏的企业。改革后，新成立的铁路网公司（RFF）接管了1342亿法郎基础设施建设负债和所有财政欠款，RFF承担的债务利息，由中央财政在预算中安排。国家接管了200多亿法郎的债务，新的SNCF公司承担了约450亿法郎的债务。人员安置方面，除了向新成立的路网公司分流170人外，法国铁路基本没有进行裁员，只是对内部人员配置进行了调整[①]。

在不断提高服务水平、追求运输业经营效益的同时，法铁还不断延伸自己的经营领域，把自有资金投向其他行业和企业，控股参股子公司500多个，年营业额达285亿法郎，使其成为法铁公司运营的重要支柱。

据调查，自1997年以来，法铁公司经营状况逐年好转。1999年总收入974亿法郎，支出897亿法郎，再加上支付银行贷款和利息，法铁已扭转多年亏损局面，实现收支平衡。从2000年6月份的统计数字看，上半年高速铁路运营增长8%，干线运量增长6%，区域局运量增长3%，法铁扭亏为盈，已成定局[②]。

2.“法铁”债务处置特点

法国铁路改革与德国铁路改革大同小异。法国政府对铁路改革予以政策支持，不仅承担起铁路基础设施建设的主要投资责任，而且对路网公司历史债务的还本付息、线路使用费与维修费的差额以及国铁公司的客票减价和地区性客运等给予补贴。同时，政府还加大对铁路建设的投资。

---

① 应晓慧：“铁路债务问题比较研究”，北京交通大学，2015。

② 中国铁路赴法考察团：“法国铁路改革考察”，《中国铁路》，2001（03）：51-53。

4.4　德法日三国处理铁路债务方法对比

德法日三国处理历史债务时都存在有政府出面继承铁路部分债务，不过具体实施方式不同，对比如下：

表4-1　处理铁路历史债务的方法对比

国家	债务承接	人员安置
日本	部分债务通过出售部分铁路资产偿还，剩余债务由政府承担	20.07万人员由各铁路公司录用，3.91万人自愿退休，2.37万人转入清算事业团，0.73万人转入其他政府部门，另有0.63万人通过其他方式安置
德国	联邦政府承接了原德国联邦铁路的长期历史债务，联邦政府有责任对原东德国营铁路（DR）的投资欠账进行补偿	联邦政府负责退休人员养老金的支付和裁员的就业安排
法国	新成立的铁路网公司（RFF）接管了基础设施建设负债和所有财政欠款，RFF承担的债务利息，由中央财政在预算中安排。国家接管了200多亿法郎的债务，新的SNCF公司承担了约450亿法郎的债务	法国铁路基本没有进行裁员，只是对内部人员配置进行了调整

4.5　国外铁路改革债务处置启示

4.5.1　日本“国铁”改革启示

严格地说，我国不能完全照搬日本国铁民营化的经验。不过，日本国铁民营化的一些基本经验对我国的国有企业改革仍具有显著的参考与借鉴意义。

1. 合理化解企业债务

首先，政府成立国铁清算事业团，并由其承担了巨额亏损的“国铁”的大部分债务，以解除企业债务负担的困扰。其次，由“国铁”改制产生的JR集团各企业，其经营环境的优劣差别很大，日本政府根据各企业经营环境的优劣决定其是否承担债务和承担债务的额度。因此对于中国铁路总公司债务处置，也可参照日本模式，由国务院牵头，财政部和国资委共同成立铁路国有资本投资运营公司，由该公司继承大部分中铁总的相关股权与债务，并承担相关的铁路基建投资活动，使中铁总专一于运营业务，为铁路体制改革打下良好基础。可见，以后改革的重点是铁路国有资本投资运营公司，而不涉及具体的铁路企业或部门，因此，之后的债务处置对铁路正常运营影响甚微，有利于稳定国家市场经济秩序。

当然，铁路国有资本投资运营公司偿还债务的主要途径是变卖资产（股票和土地），用以偿还长期债务。若其资产收入尚不足以偿还债务，最终就不得不让国民负担和用税金偿还。因此在价值公允的基础上，实现股票和土地出卖价值的最大化可能是成功处置债务的关键所在。

2. 妥善安置富余人员

日本“国铁”冗员过多，在民营化的前一年即1986年的4月，“国铁”的职员是277020人，但民营化时JR公司计划录用200650人，尚有76370人即30%的人员成为多余。JR公司若接过其冗员，就不可能出现好的经济效益，削减冗员就成了一个极为重要而又相当严峻的问题。

推动企业的是人，给企业以活力的也是人，因而妥善地处理人的问题是最重要的。这是“国铁”改革后新公司处理人事问题的指导思想。在转轨过程中，处理富余人员的第一种办法是，鼓励中高年的职工退职，给志愿退职的职工发10个月的退职奖励工资，这办法颇受中高年职工的欢迎，留者有奔头、走者高兴，这是新公司安排职工的成功之处。通过奖励退职、转行等措施，在1986年度中有52710人退职。对于剩余的23660人则作为临时措施全部转给清算事业团，然后由清算事业团进行再培训和推荐就业，经过3年的努力，在中央和地方政府及民间企业协助下，几乎所有人都得到了再就业。在这3年内的工资收入依法予以保证。不接受安排而被解雇的只有1000人，占职工总数的0.36%。因此，政府及其所属的国铁清算事业团对国铁富余职员再就职的斡旋是成功的。

3. 解除政府对企业的行政干预和限制，能够自主地开展经营战略

JR的经营者们主要还是昨天被贬低为毫无经营能力的“国铁”官僚群，但是由于民营化，增强了自主性，提高了企业经营活力和劳资双方的士气，使经营效率和经济效益大为改善。他们对“国铁”时代屈从政府官僚利益的资材采购方法进行了改革，使大幅度节俭费用成为可能，通过降低外部订货费，全公司的成本意识大大提高。JR由于成为民间公司，明显地加强了企业性服务。无论是车站内还是站台上，JR直营的小卖店、面馆、饮茶店、自动售货机大大增加。许多企业内剩余人员转到这些店铺工作。并且和私铁一样计划在住宅产业、百货店等相关事业（在收入上占30%的相关事业）方面，进行广泛的经营。采取了所谓“既已是民营企业，只要是赚钱的事什么都干”的姿态。民营化后的JR各公司，其经营利益已由赤字变为盈利，只有被称为三岛公司的JR北海道、四国、九州公司，因经营基础较弱，还接受政府稳定经营基金的资助，但政府的财政负担明显大大地减轻。

4. 政府支持

例如，在内阁设立以首相为主席的“国铁”再建委员会，1983年总理府设立“国铁”再建监理委员会。围绕重大的改革课题及必须解决的问题，需要政治领导人显示决心和强有力领导。“国铁”成功的民营化分割法案在激烈的政治较量中最终确立，其中的一个重要决定因素是首相和内阁强有力的支持。

民营化JR集团的成长也没有离开政府的继续指导与支持。日本政府虽然放宽了对JR业务运营的限制，但政府对民营化的JR集团仍多方爱护、有效指导和大力支持，是民营化JR集团健康成长的重要条件。比如：在扩充新干线中政府向JR各公司提供无息贷款；国铁清算事业团拥有JR股票；政府提出包括销售JR股票在内的消除清算事业团长期债务对策，并成立恳谈会指导JR股票上市工作；政府还决定发行JR西日本、JR东海股票，第二次销售JR东日本股票方针。

铁路债务已远远超过铁路自身消化处理的能力范围，所以债务处置过程中国务院的作用不可小觑，中国铁路总公司债务处置能否成功，国务院推行改革力度、决心以及承受力都起着至关重要的作用。

4.5.2 德、法铁路改革进程中债务处置的启示

1.坚持推进以“网运分离”为主要特征的铁路运输体制改革

二次大战以后，随着其他运输方式的迅速发展，许多国家的铁路亏损严重，债务沉重，市场萎缩，经营困难。而20世纪80年代以来，在技术进步的支持和市场需求的呼唤下，世界铁路掀起了一股以产权重组实现体制创新的改革浪潮。法国和德国铁路通过大力推进以“网运分离”为主要形式的体制改革和结构调整，取得了一定的成效。

铁路部门推进“网运分离”的铁路运输体制改革是正确和必要的。当前亟需加强宣传教育，以进一步转变思想观念，坚定信心和决心，抓住当前国家宏观经济形势较好的有利时机，坚决而又慎重地实施政企分开，推进体制改革，使企业真正成为自主经营、自负盈亏的市场主体。

2.坚持以政府财政支持为主要手段的债务重组

投资回报期长，固定成本投入高等因素注定铁路行业需要有政府财政的

大力支持。德国联邦政府承担650亿债务偿还责任，而法国政府则成立铁路网公司（RFF）承担大部分债务。我国也许不能像国外，政府给铁路以大量的财政补贴，但从铁路作为公共服务业的特点出发，在改革方案中应恰当地界定和处置铁路公益性建设和运输业务，争取必要的政策支持，以使铁路运输企业有一个公平竞争的市场环境，准确地反映经营业绩。

4.6 本章小结

本章主要研究日本“国铁”，德国铁路，法国铁路改革过程中债务处置及其特点。通过对比德法日三国债务处置特点，得出我国铁路处理债务的启示与借鉴价值。

作者认为，各国对于铁路债务，政府的作用至关重要。例如德法日三国都有免除铁路债务，或由政府成立的清算团或公司来承接债务，使铁路能从繁重的债务中脱身，专心经营自己的客货运业务，从而提高铁路竞争力。具体而言，日本的国铁民营化改革总的来说取得了巨大成功，改革的成功在于有效地调整了政府与企业的关系，使国有企业能够真正进入市场，参与竞争。不过，我们也看到了国外改革的不足之处，对我国的铁路改革或许能起到警示和规避作用。虽然各国路情国情有所不同，但我们可以取其精华，弃其糟粕，少走弯路。

因此，作者建议，我国处理铁路债务，政府的决心和执行力是先决条件，并由国务院牵头，财政部与国资委共同成立国有资本投资运营公司，承接铁路债务和股权，通过对股份的经营运作，逐步还清铁路债务，而中国铁路总公司则可专心于铁路运营，提高企业效益。

第五章
国有企业改革过程中债务处置实践与启示

国有企业改革一直是国家经济建设的重点，其历史经验对于中铁总有较大的借鉴作用。例如历史上国有企业债务处置主要有债务免除、转增资本金、债转股以及产权（股权）流转四种措施，因此，本章就上述四种债务处置实践进行梳理，并总结相关启示。

5.1 债务免除实践

债务免除是我国早期国企改革中的措施之一。从效果来看，债务免除减轻了企业负担，提高了企业运营质量。从形式来看，债务免除是债权人单方面取消债务人所负的债务，无需双方意思表示，因此形式较为简易。

5.1.1 债务免除

1. 概念

债务免除，简而言之，政府根据相关规定，免除国有企业相关贷款，致使企业负债减少，但不增加企业资本金和股权。

2. 债务免除由来

为了推进国有企业“转换经营机制、建立现代企业制度”的工作，1994

年6月，国务院确定在若干城市进行企业“优化资本结构”的试点，当年确定在上海市等18个城市进行试点。其后，在1996年，试点的范围扩大到了58个城市，包括了全部省会城市国有企业相对集中的老工业城市；1997年，国务院决定将这一试点范围进一步扩大到111个城市。在优化资本结构的试点中，国有企业的兼并以及破产工作，是其重要的组成部分。

1995年，国务院有关部门联合发出了《关于鼓励和支持18个试点城市优势国有企业兼并困难国有工业生产企业后有关银行贷款和利息处理问题的通知》明确提出了鼓励企业兼并的优惠政策，主要是兼并连续三年亏损并贷款逾期2年以上的贷款本息确实难以归还的企业，可以享受以下三方面的优惠：第一，免除兼并企业原欠银行贷款的利息；第二，还款期内，原款本金可以停息挂账2~3年；第三，还款期限可以延长至5年。

从三方面的优惠政策来看，政府免除了企业拖欠银行的部分利息，起到了减少企业负债、增产提效的作用。

5.1.2 企业债务免除实践

企业债务免除表现形式比较简单，主要是政府为支持和鼓励企业发展而给予企业一定的政策优惠，例如华意压缩和华星光电的相关案例。

1. 华意压缩债务免除

（1）企业简介

华意压缩机股份有限公司位于中国瓷都——景德镇，20世纪90年代初，公司通过引进美国泰康公司最新无氟技术和从日本、德国、意大利、澳大利亚、丹麦等国引进现代化设备，建成了中国首条年产100万台无氟压缩机生产线。公司注册资金32458.12万元，法人代表刘体斌，注册地址中国江西省景德镇市新厂东路28号。

（2）债务免除

债务重组的结果是，景德镇市国有资产经营管理有限公司同意豁免本公司债务3000万元，而剩余款项要求在规定时限内归还。以下是“华意压缩机股份有限公司关于债务重组及债务豁免的公告”内容。

专栏5-1 华意压缩机股份有限公司关于债务重组及债务豁免的公告

本公司及董事会全体成员保证信息披露的内容真实、准确、完整，没有虚假记载、误导性陈述或重大遗漏。

为了妥善解决本公司逾期贷款问题，经公司2007年第一次临时股东大会审议批准，公司与中国工商银行股份有限公司景德镇新厂支行、南昌沿江支行、景德镇市土地储备中心签署《以物抵债协议书》。通过协议履行，景德镇市土地储备中心以土地使用权来换取工商银行上述两支行对本公司截至2007年10月20日贷款本息合计3.9亿元的债权（详见2007年11月21日证券时报第2007-041号公司公告）。

2007年12月28日，本公司收到景德镇市土地储备中心发来的《债权转让通知书》：景德镇市土地储备中心将以土地换来的上述3.9亿元债权全部转让给景德镇市国有资产经营管理有限公司，由本公司向新的债权人景德镇市国有资产经营管理有限公司履行债务。

2007年12月28日，本公司与景德镇市国有资产经营管理有限公司达成《债务重组协议》：鉴于本公司已向景德镇市国有资产经营管理有限公司归还10000万元人民币债务，景德镇市国有资产经营管理有限公司同意豁免本公司债务3000万元。剩余款项本公司承诺2008年9月30日以前偿还（不计利息）。

景德镇市国有资产经营管理有限公司，注册号：360200110000572；住所：瓷都大道992号；法定代表人：吴林；注册资本6000万元；经营性质为有限责任公司（国有独资），经营范围：资产收购、资产处置、资产托管，股权投资、实业投资、资本运营，投资管理咨询、财务咨询、企业重组策划、代理咨询。

经景德镇市国有资产经营管理有限公司确认，该公司的董事长、总经理或半数以上的董事均未在本公司担任董事、监事及高级管理人员。根据深交所上市规则10.1.3条规定，本公司与景德镇市国有资产经营管理有限公司之间的交易不属于关联交易。

上述债务豁免将直接计入公司2007年度当期损益。

特此公告

华意压缩机股份有限公司

董事会

二〇〇八年一月二日

资料来源：新浪财经新闻，http://finance.sina.com.cn/stock/s/20080102/21001901275.shtml。

2. 华星光电贷款获深圳市政府豁免

（1）华星光电简介。

深圳市华星光电技术有限公司（以下简称华星光电）是2009年11月16日成立的一家高新科技企业，公司注册资本100亿元，项目总投资规模达245亿元，是深圳市建市以来单笔投资额最大的工业项目，也是深圳市政府重点推动的项目。2012年初，华星光电被认定为“广东省第一批战略性新兴产业基地（深圳Ÿ液晶平板显示）”。

（2）债务免除处理。

TCL集团2013年6月17日晚间公告，根据深圳市政府项目优惠政策及公司与深圳市深超科技投资有限公司签署的《关于共同投资建设第8.5代液晶面板生产线项目的合作协议》，深超公司为华星光电项目建设提供不超过54.1亿元的委托贷款。在项目二期量产后连续3个月达到月投入玻璃基板9万片时，经专业机构对实际产能进行评估后，由深超公司报深圳市人民政府批准，对该笔委托贷款形成的债务予以豁免。

合作方深超公司主要代表深圳市政府，作为扶持集成电路及新型平板显示器件产业发展的运作载体。华星光电项目总投资额高达245亿元。

截至2013年6月14日，深圳市华星光电技术有限公司累计收到深超公司用于华星光电第8.5代TFT-LCD项目建设的委托贷款51.01亿元，根据第三方专业机构出具的产能评估报告，华星光电已达到项目优惠政策所要求的产能条件。6月14日，华星光电收到深超公司发来的《深圳市深超科技投资有限公司关于华星光电委托贷款豁免事宜的通知》，根据第三方专业机构出具的华星光电第8.5代TFT-LCD生产线产能评估报告以及深超公司与公司签署的合资建设华星光电项目的合作协议和深超公司与华星光电签署的委托贷款合同的约定，深超公司同意豁免华星光电第8.5代TFT-LCD项目51.01亿元的债务，并将配合华星光电办理抵押解除等相关手续。

本次华星光电获得的委托贷款豁免，实质上是深超公司代政府履行给予企业的优惠政策，符合政府补助无偿性和有条件的特征。根据相关规定，该笔委托贷款豁免属于一项政府补助。经公司与审计机构沟通确认，该等与资产相关的政府补助，应当确认为递延收益，并在相关资产使用寿命内平均分配，计入当期损益。以上事项将对华星光电的经营业绩将产生积极影响，公司预计将增加华星光电2013年收益约3.8亿元（自2013年6月14日起计算），具体金额尚需审计机构在年度审计时最终确定。

5.2 国企转增资本金实践

转增基本金主要是国家从债权人转变为企业的投资人。从会计层面上看，企业债务转变为国家投入的资本金；从政策上看，这是国家加大了对国有企业的投资力度，表现国家意志力。

5.2.1　转增资本金概念

1. 转增资本金由来

1995年国家计委、财政部发布1387号文件——《关于将部分企业“拨改贷”资金本息余额转为国家资本金的实施办法》（计投资[1995]1387号，以下称《实施办法》），其中《实施办法》第二条提到：转为国家资本金的“拨改贷”资金是指经国务院批准，从1979年至1988年由中央财政安排的国家预算内基本建设投资，扣除已经偿还、豁免的本息，从使用贷款之日起至1995年7月31日止的本息余额。包括特种拨改贷、煤代油基金和基本建设预算内经营基金。这成为“拨改贷”改革调整与深化的重要路径。

2. 转增资本金产生背景

新中国的国营（国有）企业是在继承1949年之前解放区的军工企业，共和国诞生后没收官僚资本、对资本主义工商业的社会主义改造，特别是共和国各个经济建设时期国家财政投资的基础上建立起来的。国有企业控制或主导着关系国民经济命脉的重要行业和关键领域，是国民经济的支柱和主导，在社会经济生活中有举足轻重的作用。计划经济时期，在高度统一集中管理的经济体制、统收统支的财政体制、一切信用集中于国家银行的金融体制下，投资体制的特征体现为国家充当投资主体、直接由国家筹措资金和分配资金。囿于我国处在大规模工业化建设的历史阶段，以及对经济管理认识上的局限，企业除了“四项费用”[①]外全部由国家基本建设计划（“一五”计划实施之后改为固定资产投资计划）决定。这种体制在微观上束缚了企业的生产，在宏观上受高指标、高速度、高积累的影响导致“投资饥渴症”、结构和布局非均衡的问题。不过1978年改革开放以来，由于“拨改贷”政策出

① 企业的“四项费用”：技术组织措施费、新产品试制费、劳动案例保护措施费和零星基本建设费（后改称为“零星固定资产购置费”）。

台，这种状况逐步发生变化。

3.“拨改贷”扼制“投资饥渴症”，拉开了投资体制改革的序幕

国有企业改革是整个经济体制改革的核心内容，对投资体制的改革主要是围绕国有企业改革进行的。

1978年底中共十一届三中全会开启了改革开放画卷。邓小平在全会前召开的中共中央工作会议闭幕式上指出：“现在，各地的企业事业单位中，党和国家的各级机关中，一个很大的问题就是无人负责。名曰集体负责，实际上等于无人负责……所以，急需建立严格的责任制。①”并强调：“当前最迫切的是扩大厂矿企业和生产队的自主权，使每一个工厂和生产队能够千方百计地发挥主动创造精神②”，十一届三中全会公报指出：“现在我国经济管理体制的一个严重缺点是权力过于集中，应该有领导地大胆下放，让地方和工农业企业在国家统一计划的指导下有更多的经营管理自主权③”。此后，国有企业改革以调动企业和职工生产经营积极性为出发点，从扩大企业自主权逐步展开。

1979年8月，国务院批准建设银行从财政部独立出来；8月23日国务院批准了国家计划委员会、国家建设委员会、财政部《关于基本建设投资试行贷款办法的报告》，并批准了《基本建设贷款试行条例》，拉开了投资信贷体制改革的序幕。这一改革举措简称“拨改贷”。

实施“拨改贷”的初衷是：与无偿拨款不同，获得贷款的企业要还本付息，从而促使企业精打细算，先用自有资金建设，缩短工期，提高效率，把加速资金周转和提高经济效益提上企业的议事日程。

“拨改贷”最大的功绩是实现了观念的突破和转变，在投资领域破除了“大锅饭”，开始树立商品经济观念。

---

① 《邓小平文选》第3卷，人民出版社1983年版，第150～151页。

② 同注①，第 146 页。

③ 《十一届三中全会以来重要文献选编》，中共中央党校出版社 1981 年版，第 6 页。

4."贷改投",将"拨改贷"资金转为国家资本金

实行"拨改贷"后,一些国有企业资本金不足、难以还款付息。特别是新建企业只有借款、没有资本,短期内无法还贷,企业负债成为普遍问题;随着时间推移,赢利困难的企业无法还本付息,甚至资不抵债。面对新出现的问题,1995年国务院批转国家计划委员会、财政部、国家经济贸易委员会《关于将部分企业"拨改贷"资金本息余额转为国家资本金意见的通知》,将一些未还的贷款作为国家投入企业的资本金,即"贷改投"。这成为"拨改贷"改革调整与深化的重要路径。

1997年9月,中共十五大确定了社会主义初级阶段的基本路线和基本纲领,要按照"产权清晰,权责明确,政企分开,管理科学"的要求,对国有大中型企业实行规范的公司制改革,使企业成为适应市场的法人实体和竞争主体;从战略上调整国有经济布局,着眼于搞好整个国有经济,抓好大的,放活小的,对国有企业实施战略性改组,并明确提出"力争到本世纪末大多数国有大中型骨干企业初步建立现代企业制度①。"

为保证国有企业的生产经营稳定,1998年国家计划委员会、财政部根据国务院有关文件精神颁布实行《关于中央级基本建设经营性基金本息余额转为国家资本金的实施办法》,进一步规范了"拨改贷"向"贷改投"转变的相关程序和措施。《办法》中对多个投资主体的地方企业规定了"企业中既有中央级'拨改贷'资金,又有地方财政安排的地方级'拨改贷'资金,原则上中央级'拨改贷'资金转国家资本金时,地方级'拨改贷'资金也应同时转为地方对企业的投资",以使国家、地方、企业三者的利益都得到兼顾。

① 《中国共产党第十五次全国代表大会文件汇编》,人民出版社1997年版,第24~25页。

5.2.2 我国主要国企转增资本金的实践

国企转增资本金主要是由政府主导并发布相关文件，因此本小节将介绍4个关于国有企业转增资本金案例和相应的政府文件，包括：重庆市政府豁免一批国企债务、国家出资改善银行财务状况、企业欠缴“两金”余额转作增加国家资本金以及上海市对于地方基建“拨改贷”转增国家资本金实践。

1. 重庆市政府豁免一批国企债务

1995年，重庆市政府决定豁免该市一批国有企业的债务负担。这些债务包括：市属国有工业企业和列入现代企业制度试点的市属国有工业企业和列入现代企业制度试点的市属非工业企业，由地方“拨改贷”和地方机动财力安排形成的债务。这次将采取一次性转为国家资本金的办法予以豁免：1983年以来，原由市财政拨款后改为建设银行基建贷款和由市财政委托贷款办理的重点建设基金所形成的债务（项目尚未完成者除外），将转为各投资公司的法人资本金。

根据这项决定，全市30多家国有企业的1.5亿元贷款将转为国家投资，其中最大的一笔“贷改投”为2000万元。这不仅使这些企业从还本付息的沉重压力下解脱出来，而且增强了企业的资金实力。这是企业界盼望已久的好消息。

重庆这一举措得到了国务院的支持，国务院于1995年7月12日发布文件《国务院批转国家计委、财政部、国家经贸委关于将部分企业“拨改贷”资金本息余额转为国家资本金意见的通知》以规范“转增资本金”相关概念。

专栏5-2

国家计委财政部印发《关于将部分企业“拨改贷”资金本息余额转为国家资本金的实施办法》的通知

（1995年9月22日计投资［1995］1387号）

各省、自治区、直辖市及计划单列市计委（计经委）、财政厅（局），国务院各有关部委、直属机构，各有关计划单列企业集团，“优化资本结构”试点城市和综合配套改革试点城市人民政府，参加国务院确定的建立现代企业制度试点的企业，国务院确定的试点企业集团：

根据《国务院批转国家计委、财政部、国家经贸委关于将部分企业“拨改贷”资金本息余额转为国家资本金意见的通知》（国发［1995］20号）的要求，为了做好将部分企业“拨改贷”资金本息余额转为国家资本金的工作，我们制定了《关于将部分企业“拨改贷”资金本息余额转为国家资本金的实施办法》，现印发给你们，请照此执行，并请你们按本实施办法的要求，将申请“拨改贷”资金本息余额转为国家资本金的有关材料，于11月30日前报送国家计委和财政部，此项工作争取在今年年底基本完成。

附件：关于将部分企业“拨改贷”资金本息余额转为国家资本金的实施办法

附件：关于将部分企业“拨改贷”资金本息余额转为国家资本金的实施办法

一、根据《国务院批准国家计委、财政部、国家经贸委关于将部分企业“拨改贷”资金本息余额转为国家资本金意见的通知》（国发［1995］20号），为了做好将部分企业“拨改贷”资金本息余额转为国家资本金的工作，特制订本办法。

二、转为国家资本金的“拨改贷”资金是指经国务院批准，从1979年至1988年由中央财政安排的国家预算内基本建设投资，扣除已经偿还、豁免的本息，从使用贷款之日起至1995年7月31日止的本息余额。为包括特种拨改贷、煤代油基金和基本建设预算内经营基金。

三、企业“拨改贷”资金本息余额转为国家资本金的范围是：

（一）天津、唐山、太原、沈阳、鞍山、长春、哈尔滨、齐齐哈尔、上海、南京、常州、宁波、铜陵、蚌埠、泉州、烟台、青岛、淄博、武汉、株洲、广州、柳州、成都、重庆、西安、宝鸡、兰州等27个“优化资本结构”试点城市和综合配套改革试点城市，每个城市推荐2个企业。

（二）参加国务院确定的建立现代企业制度试点的企业（名单见附件一）。

（三）国务院确定的试点企业集团的核心企业及其全资和控股的子企业（名单见附件二）。

在上述范围内工作取得经验后，再区别不同情况逐步解决其他企业的问题。

四、在第三条规定的范围内，符合下列条件之一的企业，方可申请将“拨改贷”资金本息余额转为国家资本金：

（一）国务院《90年代国家产业政策纲要》（国发［1994］33号）规定重点支持的产业领域中，归还“拨改贷”资金本息余额有困难，确需国家直接投资增加资本金的企业。

（二）企业注册资本没有达到《中华人民共和国公司法》或国家有关规定的要求，且确需国家直接投资增加资本金的企业。

（三）贫困地区特别是革命老区、少数民族地区、边远地区需要国家直接投资增加资本金的企业。

五、企业必须经过清产核资、资产评估，才能申请办理将“拨改贷”资金本息余额转为国家资本金的手续。资产评估工作由国家国有资产管理局负责组织实施。

六、企业申请将“拨改贷”资金本息余额转为国家资本金时，必须明确中央级“拨改贷”资金的出资人。由于确立出资人的工作尚未进行，可暂按下述办法处理，待国家授权投资的机构明确之后，再按规定办理。

（一）凡属中央企业集团的，可由企业集团核心企业作为出资人。

（二）凡属行业总公司的下属企业，可由行业总公司作为出资人。

（三）不属于上述两种情况的，凡属行业主管部门所属企业，可由行业主管部门所属企业暂作为出资人；凡属难以明确中央级“拨改贷”资金出资人的部分地方企业，原则上可暂由国家开发投资公司作为出资人。以上均需在国家计委、财政部备案，一旦明确出资人后，再另行处理。

七、在清产核资、资产评估等工作完成后，企业才能提出将“拨改贷”资金本息余额转为国家资本金的申请，申请材料包括：

（一）企业关于将“拨改贷”资金本息余额转为国家资本金的书面申请，包括企业概况、申请理由、申请金额等内容；项目的可行性研究报告、扩初设计的批准文件和竣工验收报告；历年“拨改贷”资金使用和还贷情况，包括：1979年至1988年每年国家安排给企业的“拨改贷”投资额，1979年至1995年7月31日止企业使用中央级“拨改贷”资金归还本息、批准豁免情况和本息余额情况（按本办法附件三要求填写）；企业清产核资情况（需同级政府部门清产核资办签署审核意见）；企业的资产评估情况（由资产评估机构出具的评估报告和同级国有资产管理局对评估结果的确认文件）；1992～1994年度企业的年度会计报表（以财政部门批复的决算数字为准）。

（二）建设银行开户行的审核签证意见、财政监察专员办事处审核意见。1993年7月1日实施“两则”后，企业按财务规定已将中央级“拨改贷”利息计入费用，但未将此利息归还建设银行的，各地财政监察专员办事处在审核时，应督促归还建行，并在审核意见中注明。

（三）“优化资本结构”试点城市和综合配套改革试点城市人民政府对推荐企业的意见。

八、申请将“拨改贷”资金本息余额转为国家资本金的企业，凡属国家计划单列集团的核心企业及其全资和控股的子企业，可由计划单列企业集团的核心企业统一将申请材料直接报送国家计委和财政部审批。其他企业和企业集团可将申请材料报送行业归口主管部门或行业总公司，由行业归口主管部门或行业总公司初审同意后报送国家计委和财政部审批。国家计委、财政部在审批前，应征求国家经贸委、国家体改委、国家国有资产管理局和国家开发银行等有关部门的意见。

上报材料份数为：国家计委3份、财政部3份。

九、国家计委、财政部对申请企业所报材料逐个进行审核后，提出“拨改贷”资金本息余额转为国家资本金的意见，并以正式文件通知各有关部门、行业总公司、企业集团，并抄送有关企业及中国人民建设银行开户行。

十、地方企业使用的中央级“拨改贷”资金本息余额转为国家资本金后，原则上要求省级人民政府也将该企业使用的地方级“拨改贷”资金转为国家资本金。

十一、关于财务处理问题。企业收到国家计委、财政部批准的“拨改贷”资金本息余额转为国家资本金的文件后，方可进行以下工作。

（一）企业应持批准文件尽快到同级政府清产核资办公室和国有资产管理部门办理核增国家资本金和国有资产产权登记手续，并据此到工商行政管理部门办理注册资本金的变更手续。

（二）有关财务会计处理办法，财政部将另行发文通知。

（三）“拨改贷”资金本息余额转为国家资本金的帐务处理完毕，企业与建设银行签订的“拨改贷”借款合同（协议）同时终止。

（四）“拨改贷”资金本息余额转为国家资本金的企业，财政部门和国有资产部门应按照财政部（94）财工字第295号《国有资产收益收缴管理办法》的规定和财政部其他有关规定做好国有资产收益（包括利润、红利、股利等）的收缴工作。

（五）“拨改贷”资金本息余额转为国家资本金的企业，各级国有资产管理部门要按照国家国有资产管理局、财政部、劳动部国资企发（1994）98号《关于颁发〈国有资产保值增值考核试行办法〉的通知》的规定做好国有资产保值增值工作。

十二、本办法由国家计委、财政部负责解释。

附：一、国务院确定的建立现代企业制度试点的企业名单（略）

二、国务院确定的试点企业集团名单（略）

三、中央级“拨改贷”资金使用、归还及本息余额情况表（略）

资料来源：http://www.chinaacc.com/new/63/71/2006/3/ma5159354541236002598 5-0.htm.

2. 国家出资改善银行财务状况

改善银行财务状况，主要通过补充资本金和剥离不良贷款。1997年前后，我国银行的不良贷款比利甚至超过爆发金融危机的东南亚国家商业银行。

①为提高国有独资商业银行资本充足率水平，1998年财政部增发了2700亿元特别国债和423亿元专项国债，注入四大商业银行以补充其资本金。其中，原建行获得了492亿元资本金。

②为解决国有独资商业银行不良贷款率居高不下、历史包袱沉重的问题，1999年，国家第一次从国有独资商业银行剥离不良贷款13939亿元人民币[①]，使国有商业银行不良贷款率在2000年当年下降了9.2个百分点[②]。同年，政府借鉴国际经验，先后成立了中国信达资产管理公司、中国华融资产管理公司、中国长城资产管理公司和中国东方资产管理公司（简称“四大资产管理公司”），分别对口接收和处置中国建设银行、中国工商银行、中国农业银行、中国银行剥离的不良资产，以化解潜在的金融风险。1999年，原建行向中国信达资产管理公司（简称“信达”）出售了账面值为2500亿元的不良资产。作为处置的对价，信达支付给原建行30亿元现金并向原建行发行了总面值2470亿元的债券。

这些举措提高了国有商业银行的资本充足率，大幅度降低了其不良资产率，部分卸掉了由于长期政策性因素形成的包袱，为国有商业银行的商业化发展和下一步改革奠定了基础[③]。

3. 企业欠缴“两金”余额转作增加国家资本金

2002年3月21日，财政部国家税务总局发布通知《财政部国家税务总局

① 当时剥离的13939亿元资产本身不完全是四家国有银行的不良贷款，还包括了国家开发银行1000亿元，表内利息1000多亿元，为债转股剥离正常贷款1000多亿元。四家国有银行实际剥离不良贷款约为10000多亿元。参见唐双宁:《关于国有商业银行改革的几个问题——在中国金融学会2005学术年会上的演讲》，2005年3月25日。

② 吴晓灵：《中国金融体制改革30年回顾与展望》，人民出版社2008年版，第88页。

③ 戴小平：《商业银行学》，复旦大学出版社2008年版，第316页。

关于将原国有企业和集体企业欠缴“两金”余额转作增加国家资本金处理的通知》（财综[2002]16号）。该文件指出1983年和1989年党中央、国务院为缓解我国能源交通重点建设资金紧张状况，先后开征了能源交通重点建设基金和预算调节基金（简称“两金”）。不过为了促进企业可持续健康发展，财政部对因亏损、微利或税后利润不足等原因而拖欠“两金”的企业进行转增基本金的相关处理。

专栏5-3

财政部国家税务总局关于将原国有企业和集体企业欠缴“两金”余额转作增加国家资本金处理的通知

2002年3月21日 财综[2002]16号

各省、自治区、直辖市、计划单列市财政厅（局）、国家税务总局，财政部驻各省、自治区、直辖市、计划单列市财政监察专员办事处，各中央管理企业，新疆生产建设兵团财务局：

为缓解我国能源交通重点建设资金紧张状况，筹集财政资金，平衡国家财政预算，促进国民经济发展，1983年和1989年党中央、国务院先后开征了能源交通重点建设基金和预算调节基金（以下简称“两金”）。1994年，国务院批准对国有企业停止征收“两金”，1995年又停止向非国有企业征收“两金”，1996年全面停止征收“两金”。1997年，财政部、国家税务总局发布了《关于继续做好国家能源交通重点建设基金和国家预算调节基金清欠工作的通知》（财综字[1997]1号），要求各级财政、国税部门做好国有企业和集体企业等单位“两金”清欠工作。截至目前，大部分地区和部门的“两金”清欠工作已经结束，但还有部分国有企业和集体企业因亏损、微利或税后利润不足等原因，仍然拖欠应缴“两金”。考虑到我国加入WTO后国内企业面临的新形势，为促进国有企业和集体企业的健康发展，决定停止“两金”清欠工作。现将有关事项通知如下：

一、自2002年1月1日起，停止对原国有企业和原集体企业欠缴“两金”的清欠工作。凡1994年1月1日以前原国有企业欠缴的“两金”，1995年1月1日以前原集体企业欠缴的“两金”，按照财综字[1997]1号文件规定应缴未缴的（不含按规定已经省、自治区、直辖市和计划单列市以上财政、国税部门联合发文明确减免的“两金”），按照下列程序报经批准后将欠缴的“两金”余额全部转作增加国家资本金处理。

（一）中央所属企业欠缴的“两金”余额，由中央企业填写《中央所属原国有企业欠缴“两金”余额转作增加国家资本金报批表》（附件一）、《中央所属原集体企业欠缴“两金”余额转作增加国家资本金报批表》（附件二）一式五份，并提出书面申请，按照属地化原则报财政部驻各省、自治区、直辖市及计划单列市财政监察专员办事处和同级国家税务部门审核，签署意见并加盖公章后，将其欠缴的“两金”余额转作增加国家资本金处理。

交通、铁路、民航、邮电、军工等原实行“两金”集中汇缴的部门和单位，扣除已下划地方企业欠缴“两金”后，由交通部、铁道部、中国民航总局、信息产业部、国家邮政总局、国防科工委汇总所属原国有企业和集体企业欠缴的“两金”余额，填写《中央所属原国有企业欠缴“两金”余额转作增加国家资本金报批表》（附件一）、《中央所属原集体企业欠缴“两金”余额转作增加国家资本金报批表》（附件二）一式五份，并提出书面申请，报财政部驻北京市财政监察专员办事处和同级国家税务部门审核，签署意见并加盖公章后，将其欠缴的“两金”余额转作增加国家资本金处理。

（二）地方所属企业欠缴的“两金”，由地方企业填写《地方所属原国有企业欠缴“两金”余额转作增加国家资本金报批表》（附件三）、《地方所属原集体企业欠缴“两金”余额转作增加国家资本金报批表》（附件四）一式七份，并提出书面申请，经县（市）级财政部门和同级国家税务部门核实后，报各省、自治区、直辖市及计划单列市财政部门和同级国家税务部门审批，签署意见和加盖公章后，将其欠缴的“两金”余额转作增加国家资本金处理。

（三）原国有企业和原集体企业欠缴“两金”余额报经批准转增国家资本金的，国有企业应当直接转作国家资本金；公司制企业和集体企业应作为国家独享资本公积金，留待企业增资扩股时转增国有股本（国家资本金）。

二、自2003年1月1日起，删去《政府预算收支科目》“一般预算收入科目”中“其他收入”类的第7111款“两金清欠收入”科目。

三、各级财政、国税部门要积极配合，通力协作，认真落实本通知规定，在2002年12月底前完成原国有企业和原集体企业欠缴“两金”余额转作增加国家资本金工作，将有关情况以书面形式连同《中央所属原国有、集体企业欠缴“两金”余额转作增加国家资本金报批汇总表》（附件五）、《地方所属原国有、集体企业欠缴“两金”余额转作增加国家资本金报批汇总表》（附件六）等，一并报送财政部和国家税务总局备案。

抄送：国务院各部委、各直属机构。

来源：中华人民共和国财务部

网址：http://www.mof.gov.cn/zhengwuxinxi/caizhengwengao/caizhengbuwengao2002/caizhengbuwengao20027/200805/t20080519_21117.html.

4. 上海市对于地方基建“拨改贷”转增国家资本金实践

1996年7月15日，上海市发展计划委员会、上海市财政局根据国发[1995]20外文《国务院批转国家计委、财政部、国家经贸委关于将部分企业“拨改贷”资金本息余额转为国家资本金意见的通知》中有关将地方“拨改贷”资金本息余额转为国家资本金的内容，上海市对地方基建“拨改贷”资金本息余额进行转增资本金处理。转为国家资本金的地方“拨改贷”资金是指从1979年至1992年市财政预算内基本建设拨款改货款的资金本息余额。

专栏5-4

上海市计委、财政局关于地方基建“拨改贷”转增国家资本金的处理办法的通知

1996年7月15日 沪计调[1996]37号

根据国发[1995]20外文《国务院批转国家计委、财政部、国家经贸委关于将部分企业“拨改贷”资金本息余额转为国家资本金意见的通知》中有关将地方“拨改贷”资金本息余额转为国家资本金的精神和市领导的指示，经研究，现将本市地方基建“拨改贷”资金本息余额转为国家资本金问题的处理办法通知如下：一、这次转为国家资本金的本市地方“拨改贷”资金是指从1979年至1992年市财政预算内基本建设拨款改贷款的资金本息余额。

二、基建“拨改贷”资金本息余额转为国家资本金应遵循以下四个原则：

1．必须有利于促进本市现代企业制度改革的顺利进行。工业、商业、交通运输业国有企业的改革，是促进本市现代企业制度改革的中心环节，因此本市地方“拨改贷”资金本息余额转为国家资本金工作，可在这三个系统内的地方国有企业展开，通过增补企业国家资本金的方式，降低企业负债率，提高企业抵御风险的能力。

2．对上述三个系统内的地方国有企业，都可按规定将地方基建“拨改贷”资金本息余额转为国家资本金。

3．非国有独资企业（包括合资企业、股份制企业等）地方基建“拨改贷”资金可自1996年7月30日起实施挂帐停息，在下次增加资本金或配股时，再将“拨改贷”转为国家股本或增加中方投资额（具体操作办法按财政局文件规定）。

4．地方基建“拨改贷”资金转增国家资本金后的投资主体，凡已经资产评估，国有产权授受关系明确的企业，可相应增加国有控股公司的国家资本金；国有产权授权主体未明确的企业，直接转入该企业的国家

资本金。

三、转为国家资本金的基本建设“拨改贷”项目必须属已经竣工投产并办理了资产移交手续，不包括因种种原因未完工或没有形成交付使用资产的“拨改贷”项目。

四、操作程序和办法。

1．符合上述条件的企业应在今年7月30日前向市计委、市财政局提出将市财政预算内基建“拨改贷”资金本息余额转为国家资本金的书面申请，包括企业概况、申请理由、申请金额等内容；项目的可行性研究报告、扩初设计的批准文件和竣工验收报告。

2．由市财政局会同市国资办办理转增国家资本金的手续。

3．转增国家资本金的实际数按项目开户银行1996年6月30日基建“拨改贷”资金本息余额计算，不再进行资产重估。

4．基建“拨改贷”本息转增国家资本金的财务会计处理问题按市财政局沪财会[1996]13号文的规定执行。

5．整个工作拟分步进行，200家现代企业制度试点单位的基建“拨改贷”本息转增国家资本金工作于第三季度内完成，其他企业的工作在10月底完成。

5.3 国企债转股实践

简而言之，国有企业债转股是国家将国有企业的债权转变为对企业的股权。对企业来说减轻了负债，扩大了企业规模；对于国家来说降低不良贷款率，因为国家将不良贷款转化为具有实际经营权的企业股权，同时也增加了经营风险。

5.3.1 国企债转股概念

中国共产党十五届四中全会《关于国有企业改革和发展若干重大问题的决定》提出："结合国有银行集中处理不良资产的改革，通过金融资产管理公司等方式，对一部分产品有市场、发展有前景，由于负债过重而陷入困境的重点国有企业实行债转股，解决企业负债率过高的问题。"这是中共中央召开的首次专门研究国有企业改革和发展问题的全会，第一次以纲领性文件正式提出了"债转股"的概念及方案。从该《决定》的全文中，可发现中共中央主要是从防范和化解金融风险、改革国有企业资产负债结构和减轻企业社会负担的角度提出"债转股"方案的。

具体说来，该文件中的"债转股"是指国有商业银行将其对国有企业的特定不良贷款债权转让给金融资产管理公司，由金融资产管理公司作为投资主体，然后再将该不良贷款之债权依法转为金融资产管理公司对企业的股权。需要指出和说明的是，上述"债转股"定义中的"债权"特指金融资产管理公司受让于国有商业银行对国有企业享有的特定贷款债权；金融资产管理公司作为股东只是对企业阶段性持股或控股，金融资产管理公司阶段性持股达到目的后，要转让股权，回收资金；"债转股"的目的在于化解国有商业银行的金融风险，实现国有企业增资减负、扭亏增盈和建立现代公司制度。为了顺利实施"债转股"，国家有关部委还发布了一整套规章对之加以规范。例如，原国家经贸委、人民银行于1999年7月30日发布的《关于实施债权转股权若干问题的意见》，原国家经贸委、财政部、中国人民银行于1999年11月23日发布的《企业债转股方案审核规定》及原国家经贸委于2000年11月6日发布的《关于债转股企业规范操作和强化简理的通知》等[①]。再例如，国务院于2016年10月10日发布《关于积极稳妥降低企业杠杆率的意见》以及附件《关于市场化银行债权转股权的指导意见》；2016年12月19日，国

① 徐中亮："债权股权化问题研究"，西南政法大学，2004。

家发展改革委正式印发《市场化银行债权转股权专项债券发行指引》（简称《指引》），作为积极稳妥降低企业杠杆率的重要配套措施。

5.3.2 我国主要国企债转股的实践

国有企业债转股形式灵活，起效明显，下面主要通过五个案例进行说明：北京水泥厂债转股实践、宝钢梅山集团公司债转股案例、中国长航与工商银行签订《购买债转股出资协议》、中钢集团债转股案例以及中国建材与交通银行债转股合作协议。

1. 北京水泥厂债转股实践①

（1）北京水泥厂债转股前概况

中国首家债权转股权试点企业是北京水泥厂。该厂属“八五”国家重点项目，是日产2000吨水泥熟料的国家大型骨干企业，其在工艺、装备、环保等方面已经达到国家先进水平，它所生产的产品目前供不应求。但是该厂在1992～1994年建设期间所借银行5.09亿元贷款，到1998年底本息总额已达9.68亿元。由于企业背上了沉重的利息负担，即使开足马力生产，其经营的利润尚不够偿还银行的本息，企业严重亏损。在国家经贸委、中国人民银行、北京市政府、国家建材局等单位的大力推荐和支持下，中国信达资产管理公司将其确定为首批债权转股权的试点企业。北京水泥厂自投产以来一直亏损，其亏损原因主要有以下几方面：第一，企业经营管理不善。主要表现在资产营运效益低，资产状况差。该厂存在大量的低效和无效资产。例如，企业投资7000万元建造了一条2公里的铁路专用线，但却没有用铁路运输过原材料及水泥产品，成为闲置资产。该厂几年来一直亏损，但却继续上项目，铺摊子，进行新的投资，先后投资建立了六个分

① 该案例的基本资料引自乔新生：“我国债权转股权的实证分析——中国首家债权转股权企业案例分析”，《管理世界》，2000年第2期。

公司，总注册资本近400万元，但经营状况却不理想。第二，投资结构不合理，财务费用偏高。由于该厂项目的自有资金偏少，仅占整个投资不到20%，导致财务费用过高，产品成本加大。在产品销售成本和期间费用中，财务费用占45.4%。第三，原材料及人工成本偏高。该厂的石灰石等原材料开采成本较高。同时，相对于一条2000吨的生产线，企业的富余人员过多，使得人工费用偏高。第四，受国家宏观政策调整因素影响，1994年我国建材行业开始走向低谷，价格下降。该厂的建设、投产、达产的过程正是水泥价格逐年下滑的时期。

到1996年6月债转股前，北京水泥厂欠建设银行长期贷款本息9.7亿元，短期贷款本息3435万元，欠其他金融机构本息5140万元，累计亏损5.41亿元。经评估，该厂资产总额为11.35亿元，负债总额为9.67亿元，资产负债率85.2%。

（2）债转股的方案

根据中央“关于债权转股权若干问题的意见”的文件精神，信达资产管理公司对该厂进行了多次调研，拟订了该厂债转股的方案。

①债转股的原则：

第一，债转股工作同企业的资产重组、人员分流同步进行。剥离非主营业务资产，分流相关人员，突出企业主营业务。

第二，优化资产结构，调整债务结构，最大限度盘活银行不良资产。

第三，促进企业转换经营机制，建立现代企业制度。

第四，规范企业运作，强化内部管理，增强企业赢利能力。

②债转股方案具体内容：

第一，债务处置和股权设置。债转股前，该厂欠建设银行的贷款本金为5.25亿元，利息累计4.45亿元，本息共计为9.70亿元。该贷款债权人已由建行变更为信达资产管理公司。根据对企业经营状况预测，信达资产管理公司将9.7亿元贷款本息中的3亿元继续留作对企业的债权，将其余6.7亿元由债权转为对该厂的股权。该厂母公司以其在该厂的所有者权益2.82亿元作为出资的股权。债转股后，该厂的总股本为9.73亿元，资产管理公司占68.9%的股份，北京建材集团公司占31.1%的股份。

第二，剥离非主营业务资产。北京水泥厂对其综合服务公司、医务室、培训中心等非主营业务资产进行剥离。将其剥离到母公司，由母公司管理经营。共剥离非主营资产价值2000多万元和对应负债160万元。

第三，减人增效，将现有741名职工精简分流一半。债转股前，该厂原有职工为741人，其中：管理人员97人，占职工总数的13.10%；主要生产人员369人，仅占49.8%；而辅助生产人员197人，占26.6%：后勤服务人员42人，占5.7%：三产人员36人，占4.8%。从人员构成看，该厂人员结构失调，作为一个生产型企业，管理、辅助和后勤人员人数之和竟达职工总数的二分之一强。债转股后，分离职工共391人，只保留主要生产人员、必要的管理人员和后勤人员，成为国内同类型企业中人数最少的企业。人均劳动生产值增加为4万元，人均劳动生产率比债转股前提高了一倍。

第四，建立现代企业制度。由信达资产管理公司和该厂的母公司北京建材集团作为股东，成立有限责任公司，建立现代企业制度。

①按照《公司法》建立股东会、董事会、监事会三权分立的治理结构。

②改革管理体制。公司实行董事会领导下的总经理负责制。公司设立总经理办公会，总经理、副总经理、总工程师、总会计师为办公会常务成员，总经理办公会是日常经营管理中心。各部门及公司全体员工必须严格执行总经理办公会的决议。公司监事会监督公司一切生产经营活动，并对股东大会负责。

③公司精简管理机构，撤消部分非经营性机构，对各机构职能重新进行调整。将原先的19个部室机构减为10个。

（3）债转股实施的效果

北京水泥厂债权转股权后，资产负债率由原来的85.2%下降到32.4%，1999年当年就实现扭亏为赢。自2000年起，每年实现利润2000万元以上。

2. 宝钢梅山集团公司债转股案例

（1）企业概况

梅山（集团）公司是一个拥有108亿元资产的特大型钢铁企业，1998年底的负债总额为82.89亿元，资产负债率达76.75%。

（2）债转股方案简介

①公司剥离非经营性资产，突出钢铁主业。

②引入新的出资者，进行公司化改制，由原梅山企业、宝钢集团、信达金融资产管理公司和江苏省冶金工贸集团四家共同出资组建新的钢铁公司。债转股方案确定由宝钢集团先期向企业注入一定的资本金，同时明确信达金融资产管理公司在新公司中，享有参与重大决策的权利，其在法人治理结构的地位得以落实。

③建立公司治理结构，成立公司最高权利机构董事会，明确董事会在人事任命、重大经营决策等方面的权力范围、决策程序。

（3）债转股的结果

债转股后，公司完成了公司化改制，建立了现代企业制度，新的经营机制开始运行。公司经济效益迅速提高，财务指标显著改善，资产负债率下降到了38.51%，2000年实现利润1亿元以上，预计2003年净资产收益率达到6%。

3. 中国长航与工商银行签订《购买债转股出资协议》

（1）企业简介

中国长江航运（集团）总公司（简称中国长航）是中国内河最大的骨干航运企业集团，是国内唯一能实现远洋、沿海、长江、运河全程物流运输服务的航运企业，有140多年悠久历史。2009年与中国对外贸易集团总公司实施战略重组成中国外运长航集团有限公司。

（2）债转股方案简介

2007年12月16日，中国长江航运集团与中国工商银行，在武汉签订了

《购买债转股出资协议》。中国长航将提前全额回购中国工商银行在中国长江航运责任有限公司的18.9亿元的出资，标志着中国长航的债转股进入圆满的收官阶段。

两年前，在国家有关部门的支持下，中国长航与工商银行进行了债务重组，将债权变成股权，双方成立了“中国长江航运责任有限公司”，开创了我国国有银行在企业直接持股的先河。两年来，在双方的共同努力下，新公司严格执行协议条款和公司章程，规范运作，经营良好。通过债转股，使中国长航减轻包袱，轻装上阵，在近两年取得了快速发展，获得了国家国资委的“绩效进步特别奖”。目前，已进入一个高速发展期，至十一五期末，中国长航船舶运力有望达到1000万吨，资产总额突破1000亿元，收入有望突破400亿元，利润总额有望突破15亿元，实现又好又快地发展。

4. 中钢集团债转股案例

（1）企业概况

中国中钢集团公司（简称中钢集团，英文简称sinosteel），1993年7月20日成立，是国务院国资委管理的中央企业。所属二级单位86家，其中：境内63家，境外23家。2010年中钢集团实现主营业务收入1831亿元，位列美国《财富》杂志发布的2011年全球500强排行榜第354位。

中钢集团将以债务重组为契机，进一步加快供给侧结构性改革，着力发展四大优势产业，努力打造成为冶金工业和相关产业提供资源、科技、工程、装备集成服务的国际化企业集团。中钢国际表示，中钢集团债务重组方案的实施，将对改善公司融资环境、提升公司业务承接能力和订单执行能力产生积极作用。

截至2014年12月末，中钢集团及所属72家子公司债务逾1000多亿元，其中金融机构债务近750亿元，牵涉境内外80多家银行。财报显示，今年上半年中钢国际营收39.71亿元，同比下降22.71%。

表5-1 中国中钢集团公司基本情况表

企业名称	中国中钢集团公司
成立时间	1993年7月20日
法定代表人	徐思伟
公司性质	央企
注册资本	631579.8万元
经营范围	中钢集团主要从事冶金矿产资源开发与加工；冶金原料、产品贸易与物流；相关工程技术服务与设备制造。
公司注册地址	北京市海淀区海淀大街8号

（2）债转股方案简介

2016年12月9日上午，中钢集团与中国银行、交通银行、国家开发银行、农业银行、进出口银行和浦东发展银行等六家银行签署债务重组协议。中钢集团的整体重组方案包括债务重组方案和业务重组方案；其中，债务重组方案采取“留债+可转债+有条件债转股”的模式，按回收风险对重组范围内金融债权划分层级，设计差异化方案并分两阶段实施。

第一阶段，对本息总额600多亿元的债权进行整体重组，分为留债和可转债两部分，其中可转债部分由中钢集团成立新的控股平台向金融债权人发行，可置换金融机构债权人非留债部分对应的债权，使中钢债务得以缓解。

第二阶段，在相关条件满足的情况下，可转债持有人逐步行使转股权。

留债部分，中钢需按3%年利率付息。转股部分是长达六年期的可转债，共270亿元，前三年锁定，从第四年开始，逐年按3：3：4的比例转股以退出。这就是说，2020年开始，银行持有的中钢未来发行的可转债中，81亿元就将转为股权。股权的部分，中钢方案为在中钢股份有限公司下面，成立中钢控股有限公司这一平台，由国资委注资100亿元，未来或将整体上市。把所有资产股权都划拨到中钢控股旗下，不良资产用该平台来承接，同时平台可出售优质资产，比如上市公司的部分股权等。从而使6年后银行从中获益，逐渐退出资本。这是首例央企债转股项目落地计划，开创了我国大型央企债务重组的新范例[①]。

（3）债转股结果

债务重组后，中钢集团的有息负债率将降至80%左右。此次中钢集团债务重组，是对中央利用“债转股”，缓解企业债务压力，提升企业竞争力这一精神的具体实践。重组方案，由债权方与债务方协商敲定，国家相关部委起到指导作用，这是对在“债转股”过程中强调“市场化”这一思想的贯彻。随着方案落定，后续实施的相关工作也在紧锣密鼓地展开，预计中钢集团在债务压力缓解后，有望从十年的市场低迷及集团战略布局失误的阴霾中走出。

5. 中国建材与交通银行签署市场化债转股合作协议

（1）企业简介

中国建材集团有限公司（简称中国建材集团）是经国务院批准，由中国建筑材料集团有限公司与中国中材集团有限公司重组而成，是国务院国有资产监督管理委员会直接管理的中央企业。

中国建材集团集科研、制造、流通为一体，是中国最大、世界领先的综合性建材产业集团，资产总额5500亿元，员工总数25万人，年营业收入近3000亿元。

（2）市场化债转股协议简介

2017年3月，中国建材股份有限公司与交通银行股份有限公司在北京签署总额100亿元的《市场化债转股合作协议》。根据协议，交通银行及下属公司将与中国建材股份及成员单位开展债转股业务合作。此次合作是继2017年初中国建材集团与交通银行签署授信总额500亿元《战略合作协议》后的进一步深化，有助于中国建材股份改善资产负债结构、提升生产经营水平及进行产业转型升级。

---

① 新浪财经，http://finance.sina.com.cn/money/bond/20161216/040025632416.shtml。

（3）结果与影响

此次债转股业务合作是银企双方认真贯彻落实党中央、国务院关于“推进供给侧结构性改革、重点做好‘三去一降一补’工作”决策部署，认真落实国务院出台的《关于积极稳妥降低企业杠杆率的意见》及其附件《关于市场化银行债权转股权的指导意见》，进行市场化债转股的有益尝试。

5.4　国企产权（股权）流转实践

国企产权（股权）流转相较于上述三种债务处置方式则更为开放和自由，从产权性质上讲，其属于多元产权，包括有国有资本，外资以及社会资本等。

5.4.1　产权（股权）流转基本概念

1. 产权转让

在市场经济中，产权转让又称为产权交易，指的是以产权作为商品进行交易的一种市场行为。产权转让实现形式一般是指经营权和财产所有权的有偿转让。

产权反映的是利益主体对财产的占有、支配和收益的权利、义务和责任。产权受国家法律保护，由所有制实现形式决定。主要包括几项内容：第一，原始产权，指的是所有者对财产享有占有、使用、收益和处分的权利；第二，法人产权，法人产权是随着法人制度的建立而演绎派生的一种权利，指的是法人企业对其资产所有者授权在经营资产方面依法享有占有、使用、收益和处分的权利；第三，产权又可以指债权和股权，自从法人制度开始实行以来，原始产权也就相应转变成了股权或者是债权。原始出资者只能利用股东的各项权利对法人企业施加影响，但不可以直接干预企业的经营活动。

2. 国有产权转让

国有产权转让[①]指的是政府授权部门或授权机构通过法定产权交易平台行使其出资人所有权从而实现财产权利转移的一种行为。国有产权转让有规范的操作流程，首先，转让前应当在准备阶段提交上级部门国有产权转让可行性研究报告，并且需要按照内部决策程序进行审议并且得到相关批复，形成书面决议。

国有产权转让有利于实现资产流动和优化配置资源[②]，当前符合国家产业结构调整的需要，可以有效促进国有资产保值增值，实现在源头上把控防范国有资产流失。

5.4.2 我国主要国企产权（股权）流转实践

国有企业产权（股权）流转形式灵活多变，比较典型的案例有四川清风监理有限公司股权转让案例、天津狗不理国有股权转让案例以及四川金星电缆厂产权转让实践，下面通过介绍上述三个案例说明产权（股权）流转过程。

1. 四川清风监理有限公司股权转让案例

（1）转让标的基本情况

四川清风监理有限公司（简称“监理公司”）成立于1995年4月。概况如下：

① 刘凌：“浅析企业国有产权转让机制”，《经济论丛》，第226页

② 曹黄宗：“关于企业国有产权转让几个问题的探索与思考”，《经营管理者》，2013年第9期，第97页。

表5-2　　四川清风监理有限公司基本情况表

企业名称	四川清风监理有限公司
成立时间	1995年4月
法定代表人	何刚
公司性质	有限责任公司
注册资本	100万元
经营范围	工程监理、技术咨询
公司注册地址	成都市东风路一段17号

监理公司是四川开明控股有限责任公司（简称“开明控股公司”）出资组建的国有独资有限公司，公司注册资本100万元人民币。

主营业务：火电工程建设监理、房屋建筑工程建设监理、市政工程建设监理以及设备监造等业务。

组织机构：监理公司设6个职能部门，下设54个项目监理部和21个监理处。

人员状况：截至2005年末，该公司员工492人，其中：全民所有制身份员工28人，与监理公司建立劳动关系；临时聘用464人。公司员工中拥有监理、造价等注册执业资格人员共285人次。其中，国家和省部级注册总监理工程师56人，国家级注册监理工程师86人，省级注册监理工程师130人，国家和省部级注册造价师13人。此外，还有51人取得四川省安全生产培训合格证。

资产财务状况：截至2005年末，监理公司资产总额为1956万元，负债总额为1302万元，净资产为654万元。

资质情况：监理公司拥有三项甲级监理资质：电力工程（含发电厂、输变电工程）甲级资质，房屋建筑工程甲级资质，市政公用工程甲级资质。并通过GB/T19001-2000标准质量管理体系、GB/T24001标准环境管理体系和GB/T28001标准职业健康安全管理体系三项认证。

经营业绩：监理公司已先后承揽火电厂监理项目20余个、装机容量超过1100万千瓦，输变电监理项目线路超过4000多千米、变电容量670万千伏安，房屋建筑及市政公用监理项目超过120万平方米。工程分布在青海、云南、贵州、河南、西藏、内蒙古、湖北、重庆、四川等十多个省市区。监理公司已被选为中国电力企业联合会理事、四川省建设监理协会常务理事。所监多项工程被评为国家电力公司“达标投产”建设项目，先后获得全国建设工程“鲁班奖”、“全国建筑工程装饰奖”、四川省建设工程“天府杯金奖”、四川省优秀安装质量奖（蜀安杯）、青海省建筑工程“江河源杯”。

（2）转让流程

因为监理公司是央企出资的国有全资子公司，按照规定需在国务院国资委指定的北京、天津或上海三家中央产权交易机构挂牌交易，通过比选，最终确定在天津产权交易中心进行挂牌。

①进场前的准备阶段。

按照规定，在本阶段完成了三项工作。

第一，完成调研、编写股权转让方案。为确保工作质量，规范工作流程，开明控股公司在确定产权交易机构后，便及时与产权交易机构联系，由产权交易机构派出专家对企业进行股权转让业务辅导，并全程指导工作的开展。

在对企业情况进行认真梳理的基础上，制定了《四川清风监理有限公司股权转让方案》。方案的内容包括：详细介绍了本企业国有产权的基本情况、对股权转让的论证、职工安置方案、债权债务处理方案、产权转让公告的主要内容等。

第二，完成报批工作。在方案制定后，先后将方案报监理公司董事会、职工代表大会以及开明控股公司董事会审议通过，并按投资管理权限报有关部门批复，完成了股权转让的审批手续。

第三，准备进场交易的系列资料。在完成内部决策之后，按照规定，启动了相关中介服务程序。首先，开明控股公司聘请四川通和会计师事务所有限公司，按照方案确定的评估基准日，对监理公司进行审计。事务所按照规定，独立开展审计并出具了《审计报告》，审计结果为：截至2006年4月30日，监理公司资产总额为17419917.21元，负债总额为12205589.02元，所有者权益为5214328.19元。此外，开明控股公司聘四川振华会计师事务所有限责任公司对监理公司的负责人进行了任期责任审计，出具了任期审计报告，明确了经济责任。

其次，开明控股公司聘四川亚通会计师事务所有限责任公司进行评估，事务所以2006年4月30日为评估基准日，出具了《资产评估报告》：截至2006年4月30日，监理公司资产总额为1754.41万元，负债总额为1167.61万元，评估净资产为586.80万元，评估增值率为12.53%。评估结果报经有权部门备案通过。

最后，开明控股公司聘四川泰和泰律师事务所对股权转让行为出具了法律意见书，对股权转让过程的合法性进行了鉴证。

②进场交易阶段。

在进场前，根据对驻场经纪机构的了解，选定了经纪机构并与其签约，由其负责对监理公司提供有关业务咨询服务和相关培训。

2006年8月8日，该标的正式在天津产权交易市场挂牌，按照交易机构的规定，监理公司设置了产权转让受让条件，为了确保收购方有较强的实力，确保收购资金的及时到位，同时保证企业的持续健康发展，保护职工的利益，设置了较高要求，主要包括：①为有利于股东更好履行其权利与义务，同时便于企业更好地开展业务，受让方应为与出让方同区域注册的法人企业。②具有良好的社会信誉和商业信誉。③拥有电力工程师10人以上。④具有良好的财务状况，资产负债率低于55%（提交相关材料：受让登记日上月末财务报表）。⑤资金状况良好，具有良好的支付能力。⑥同意一次性付款，并应在签署转让协议当天一次性将成交价款打入产权交易市场。⑦受让方承诺继续从事标的方主营业务。⑧依据国家有关劳动保障方面法律法规和企业改制方案、职工安置方案安置职工。⑨为切实履行职工安置方案，维护职工合法权益，且为企业持续稳定发展，受让方应承诺，产权受让后3年内，不得再次转让（提交材料：关于3年内不再次转让所持股权的承诺书）。

经过20个工作日的公开征集，鸿星有限公司登记受让。由于在有效期内仅有1家意向受让方登记并通过了产权交易市场的审查，符合受让条件。在天津产权交易市场的主持下，于2008年10月在场内完成了签约，股权转让价格为经过备案的资产评估价格，天津产权交易市场对交易进行了鉴证，出具了产权交易鉴证书。

③完善手续阶段。

产权转让合同签署完毕后，鸿星有限公司按照协议将股权转让价款通过产权交易市场划入开明控股公司账户，开明控股公司则协助鸿星有限公司完成了工商变更登记，并完成了国有产权注销手续，标志着股权转让的全面完成。

（3）转让结果分析

①股权转让结果。

通过股权转让，开明控股公司、鸿星有限公司以及监理公司实现了三赢。

对开明控股公司而言，通过转让股权，实现了国有股本的退出，在实现其收缩战略的同时，在转让中实现了股权的增值，确保了国有资产的利益最大化，同时为其加强主业发展提供了现金流。

对鸿星有限公司而言，通过收购股权，实现了快速进入行业的战略构想，跳过了艰难的创业阶段，同时，较优良的资产为其持续经营搭建了良好的平台。

对监理公司而言，股权转让使其成为纯民营公司，在运作机制上较国有企业有了更大的灵活性。同时，通过产权转让进一步优化了该公司的法人治理结构，使其在公司治理上更加完善。

②股权转让成功的原因。

回顾股权转让整个过程，转让能够最终顺利完成的关键因素可以归纳为以下几点：①程序合规。本案例的全过程均是严格按照国家规定有序推进，从进场前的准备阶段，到进场交易阶段，最后到完善手续阶段，均履行了规定的各环节，没有遗漏，做到程序合规。②中介机构及早介入，并全程辅导。在本业务推进过程中，第一时间聘请了产权交易中介机构以及经纪机构的专家对企业有关人员进行了辅导，使企业经办人员能够迅速熟悉国家的相关规定和业务操作程序，确保在执行过程中依法合规开展工作。③充分运用价格的发现机制。本案例最终是通过公开挂牌的方式征集意向受让方，充分利用了产权交易机构的平台，使得产权转让信息被最广大的潜在投资者所发现，提高了产权交易的成功几率。

2. 天津狗不理国有股权转让案例

（1）转让标的基本情况

天津狗不理包子饮食（集团）公司[①]于1992年正式组建为集团公司，概况如下表所示：

表5-3 天津狗不理包子饮食（集团）公司概况表

企业名称	天津狗不理包子饮食（集团）公司
成立时间	1992
法定代表人	赵嘉祥
公司性质	有限责任公司
注册资本	5250万元
经营范围	餐饮

狗不理企业于1992年正式组建为集团公司，于1999年被国家工商总局评为中国驰名商标。并先后被评为国家二级企业、国家特级酒家和中国商业品牌企业。狗不理品牌以及其浓厚的文化底蕴和精美的特色菜品在海内外华人中享有很高的声誉。

依据资产评估，狗不理包子饮食集团总资产约11700万元，负债约8000万元，负债率接近70%。单靠其自身的能力，已经很难实现新的发展目标，急需引入社会资本。

该企业改制的目的，一是要解决机制问题，改革原有的分配、管理等机制；二个要打通资金瓶颈，解决其在发展中面临的资本瓶颈；三是要解决

① 乔蛟、朱子：“‘狗不理’有人理——狗不理包子饮食集团国有产权拍卖记述”，《产权导刊》，2005（04）：21-23+26。

国内外的合作问题。为此，选择了通过以产权转让的形式完成企业改制的途径。

（2）转让流程

①进场前的准备阶段。

该企业的改制是在当地政府领导下进行的，为确保国有资产不流失，确保职工队伍稳定及企业持续发展。改制的全过程均引入了产权转让专业机构，并在专业机构的指导下开展工作。首先，认真设计了企业改制方案，特别是制定了切实可行的职工安置方案和债权债务处理方案；其次，由中介机构对该企业开展了全面的清产核资、财务审计和资产评估，明确了国有产权的价格；最后，由中介机构出具了法律意见书，对改制的全过程进行了鉴证，履行了规定的程序。

②进场交易阶段。

在前期准备工作充分完成后，该项目正式进场。为确保受让方入主企业后能做好企业的持续发展，对受让方提出了相关要求：一是要将品牌做强；二是要将规模做大，新设公司投资包括职工持股会投资的1000万元，此次转让的净资产1519.23万元，受让方增资2731万元，总股本在5250万元以上。转让后的集团公司两大股东股本比例为职工持股19.05%，受让方持股80.95%；三是要稳定发展，必须安置原集团的全部在册职工，保持经营团队和技术队伍的相对稳定。

同时，对受让方还列出了相应门槛，包括：

一是热爱“狗不理”企业，尊重“狗不理”员工，致力于长久发展“狗不理”品牌并有雄厚现金投资实力的社会企业法人。

二是支持企业内部职工持股会的成立，认同改制后企业的预期股权设置，即：企业拟设内部职工股约1000万元；最终企业内部职工股、社会法人股（拟转让标的底价及增资扩股）之和不得低于5250万元，不足部分拟由受让方以增资扩股的形式出资补足，并按企业总股本的设计要求在规定的时间内以一次性现金投入的形式完成增资扩股。

三是从企业实现稳定持续发展目标出发，确保股东的合法权益和投资预期，投资方应保持天津狗不理包子饮食（集团）公司经营管理团队、技术骨干队伍的相对稳定。

四是按照“随企业整体改制，其职工整体进行身份置换”的原则，改制后企业必须接收和安置全部在册职工。为保证职工队伍的相对稳定，企业原在岗职工在改制后应实现原岗平稳过渡。

五是提出对改制后的狗不理集团有限公司的法人治理结构、组织架构、投资理念、经营理念，对改制后狗不理集团公司有较完善的近期、中期和远期发展设想。

六是清楚并同意转让方提供的相关文件的其他所有内容。

通过系列运作，狗不理国有产权于2004年12月17日在天津产权交易中心挂牌转让。公示期间内，有三家企业申请购买，按照规定，确定以拍卖的方式转让。2005年2月1日刊登拍卖广告。至2月25日止，有六家企业办理了竞买手续，最终完成了拍卖。

（3）转让结果分析

在天津狗不理股权转让的案例中，有几个特点：

①内部决策程序规范。该项股权转让从开始到最后，均在当地政府的全程指导和监督下进行，同时对企业职工进行了广泛的宣传和解释，使得该项转让充分履行了相关的决策程序，在转让过程中没有程序缺陷。

②中介机构及早介入，并全程辅导。该案例中，经纪机构全程介入，对经办人员进行辅导，提供专业咨询，确保在执行过程中依法合规开展工作。

③市场运作规范。为在更大范围内征集可能的潜在投资者，天津产权交易中心对项目进行了完美的包装，并通过多种手段在不同的媒体和公众场合进行推介，使得项目的吸引力被充分地发掘。

④充分实现价格发现机制。该项目的最终成功是在于采取了拍卖的手段，通过前期的广泛推介，使潜在投资者对项目的内涵、价值有了很清晰的认识。通过产权交易平台，各投资者有了公平竞争的平台，充分实践了价格

发现机制，完成了价高者得的竞争结果。

通过系列运作，顺利的实现国有产权的转让。2005年，在产权交易行业唯一的国家级奖项一中国国际工业博览会设立的“产权交易最佳策划奖”的评选中，该案例被评为一等奖。

3. 四川金星电缆厂产权转让实践

四川金星电缆厂的登记性质为集体所有制企业，四川开明控股有限责任公司对其有部分投资。2006年，四川开明控股有限责任公司通过有关内部决策程序，决定清理公司对外出资，加强主业管理，收缩其他产业。

为按照有关法律法规的要求，依法合规的完成对外出资的处置，四川开明控股有限责任公司对四川金星电缆厂进行了详细的摸底。

（1）四川金星电缆厂概况

表5-4　　四川金星电缆厂基本情况表

企业名称	四川金星电缆厂
成立时间	1993年
法定代表人	王军
公司性质	集体所有制
注册资本	250万元
经营范围	主营：电力电线、电缆、电工圆铝杆、电工圆铝线
公司注册地址	四川省彭州市三界镇

四川金星电缆厂始建于1993年，地处彭州市三界镇，占地16亩，建筑面积3000多平方米，拥有十模拉丝机、管绞机、叉绞机等成套生产设备。其成立初期，是由四川开明控股有限责任公司、三界镇政府及其他几个法人股东共同出资组建的生产裸露导线的专业厂家。

该企业被选入国家经贸委《第二批全国城乡建设与建造所需主要设备及生产企业推荐目录》。同时，具有《全国工业产品生产许可证》、农业部颁发的《全国质量达标证书》、四川省技术监督局颁发的《推荐产品证书》、四川省电力工业局颁发的《物资协作入网证》和甘肃电力工业局颁发的《机动性电产品入网许加证》等一系列证书，并于2006年11月通过IS09001国际质量管理认证。

该企业的主要产品是16-630mm2铝绞线和10-630mm2钢芯铝绞线，产品销售覆盖四川省、甘肃省、江西省等。在同行业中有一定的知名度。2006年，该企业实现销售钢芯铝绞线7172吨，完成经营收入11500万元，上缴利税三百多万元。

（2）清理中发现该企业的问题

①注册资本的问题。

由成都市彭州工商行政管理局颁发的《企业法人营业执照》中载明，四川金星电缆厂注册资金为人民币贰佰伍拾万元；而该企业在工商行政机关备案的章程中却载明："工厂注册资金600万元"。同一个企业，由同一个登记机关颁发及留存的材料中出现了巨大的差额，历经多年均未纠正。

②股权结构的问题。

该企业的原始出资人为3家法人单位，四川开明控股有限责任公司对其直接投入140万元，持股56%，居控股地位。在该企业初期生产经营困难时，又引入其他几家法人单位，注册资本增至590万元，企业章程已按新注册资金进行变更，但未到工商行政机关进行工商登记变更，且新出资法人对四川金星电缆厂的投资未在该法人财务账上列长期投资，导致无法明确是其出资是投资或债权，故无法确定其中各股东的股份。

到调查当时，根据该企业最新提供的股东出资表，该企业注册资金将增至706万元，其中四川开明控股有限责任公司出资280万元，约占40%。但该出资情况不能从企业得到证实。同时，四川开明控股有限责任公司并未将对该企业的投资办理国有产权登记。

按照国资委3号令的规定："转让的企业国有产权权属应当清晰。权属关系不明确或者存在权属纠纷的企业国有产权不得转让。"由于该企业产权结构不清晰，无法确权，如在此情况下坚持进行国有产权转让，可能会因国有产权比例不清，使得国有权益无法确认，导致国有资产流失。在初步查出四川金星电缆厂产权上存在的问题后，该项目停止了转让的实际运作，转为进行进一步清理和规范。

5.5 国有企业改革过程中债务改革实例——以建设银行为例

1. 中国建设银行股份制改造和上市的必要性分析

20世纪末21世纪初，中国经济强劲向上的力量让全世界关注经济的目光为之发亮，而中国经济的供血系统——四大国有商业银行却显示了老迈和疲态，银行系统背负着沉重的坏账，使得中国存在严重的金融缺陷。上市前中国建设银行存在的问题主要有：不良资产比例较低，资本充足率不足、赢利水平低导致财务状况无法公开披露、内控机制缺乏，导致严重违规经营和账外经营、技术水平和管理能力差、内部治理结构方面存在严重缺陷，这些问题导致了中国建设银行的经营效率远远低于一些股份制银行[①]。

第一，不良贷款占贷款的比率过高，已经成为金融企业和国民经济平稳运行的隐患。2001年末，中国建设银行的不良资产率高达19.21%；2002年末为15.17%；2003年末，中国建设银行的不良贷款率在国有四大银行中是最低的，但还是高达9.12%，这还是在中国建设银行的利润几乎全部用于核销不良资产后的结果，而且实际的数字据估测还要更高些[②]。虽然1998年以来，国家通过发行特别国债、建立金融资产管理公司等各种方式来剥离中国建设

① 郭锋：“中国股份制商业银行的公司治理——以中国建设银行为例”，北京论坛（2007）文明的和谐与共同繁荣——人类文明的多元发展模式：“全球化趋势中跨国发展战略与企业”，中国北京，2007：19。

② 资料来源于中国金融年鉴，2002，2003，2004年。

银行的不良资产，但是在这一过程中，往往是旧的不良资产还没有消化，新的不良资产又紧接着产生。

第二，资本充足率过低。我国商业银行的资产充足率是很低的，在国家没有注资以前，除了中国银行外，其他三大国有商业银行均不能满足巴塞尔协议规定的8%的资本充足率。中国建设银行在获得225亿美元的国家注资后的资本充足率也仅仅是8.02%，刚刚达到巴塞尔协议规定的8%。而且，庞大的不良贷款预期还将进一步降低这一数字。

第三，缺乏有效的风险监管和内控机制。中国建设银行的内部控制制度是由各个部门来指定，缺乏同一性和规划性，于是在协调上也就存在着一定的困难，没有可操作性，从而导致由银行内部操作风险及市场风险引发的金融大案和金融犯罪频发。另外，从总体上说，我国国有商业银行的稽查部门缺乏权威性，而且在中国银行业内部缺乏严格的指标考核体系和考核制度，从而使我国国有商业银行的内部控制组织机构形同虚设，加大了国有商业银行的经营风险和宏观经济的不稳定性。

第四，盈利能力偏低。有资料显示，我国国有银行的资本收益率仅为外资银行的30.66。我国国有商业银行均背负着沉重的历史包袱，机构臃肿，人浮于事，效率低下，道德风险等原因都极大地限制了我国国有商业银行的盈利能力。

鉴于以上问题，有人说中国的银行系统是世界上风险最大的银行系统之一，的确中国银行业存在巨大的金融风险隐患，如果处理不好，不仅可能导致国内金融危机，还可能会把改革开放以来的成果吞没掉，而且随着2006年WTO保护期结束的临近，资本市场的开放，外资银行的进入，国有商业银行将直面市场的竞争，届时我国银行将何去何从？

在这一背景下，国有商业银行的改革已经是箭在弦上，不得不发，中国建设银行就这样成为首家上市试点银行，迈出了四大国有商业银行改革的第一步。下面我们就中国建设银行上市的全过程进行较为详细地分析。

2. 中国建设银行股份制改造和上市的过程

在国家理论政策的指导下，在银监会的安排下，2003年4月初，中国建设银行作为被选中的试点银行，正式成立了股份制改革领导小组及其办公室，对全行的股份制改革工作进行统一协调和安排；2004年9月17日，中国建设银行股份有限公司完成工商注册登记，领取营业执照；2004年9月21日，中国建设银行股份有限公司正式召开成立大会。2005年10月27日，中国建设银行首次公开募股，宣告中国建设银行的上市工作最终落下帷幕，中国建设银行成为我国国有银行中首家上市的企业。下面我们就来回顾一下中国建设银行上市的全过程。

中国建设银行股份有限公司在首次公开募股后，以660亿美元的身价在香港上市，其创造的市场资本规模是巨大的。此次中国建设银行上市，规模达到80亿美元，公开发售了其12%的股份，它是过去四年中最大的IPO，也是中国有史以来银行业最大的IPO。下面我们分三个步骤回顾中国建设银行的股份制改造和上市的始末，分别是：①债务重组；②引入战略投资者，完善公司治理结构；③首次公开发行。

5.5.1 债务重组

中国建设银行的债务重组是建立在中国建设银行低资本充足率，高不良资产率和负所有者权益的基础之上的。因为要想使中国建设银行能够符合上市的基本标准，其资本充足率必须达到巴塞尔协议的最基本要求——8%，不良资产率必须控制在5%以内，所有者权益必须为正。为此，中国建设银行首先开始了财务重组的工作，这一工作在时间上大体可以划分为两个阶段：

1. 第一阶段：1998~1999年间的政府救助

①1998年：财政部向中国建设银行定向发行30年期面值492亿元的特别

国债，所筹资金用于充实中国中国建设银行的资本金。

②1999年：中国建设银行向信达资产管理公司出售2500亿不良资产。信达以2740亿面值的十年期年利率2.25%的债券和30亿现金支付中国建设银行，但截至2005年6月底，信达处置不良资产的现金回收率仅为34.16%。我们可以认为这是中国建设银行所出售不良资产的回收水平，这样在不考虑相关的处置费用和资金时间价值的情况下，信达收购不良资产时向中国建设银行多支付了1646亿元。

在这一阶段，国家通过财政注资和剥离不良资产对中国建设银行的第一次救助至少给予了2138亿元的财务支持，但截至2002年12月31日，中国建设银行的总权益仍为1332.06亿元。

2. 第二阶段：从2003年12月30日汇金注资开始启动的财务重组

在完成第一阶段的努力后，中国建设银行的所有者权益仍为1332.06亿元，这仍然离所有者权益变负为正有很大的差距，为了使注资前中国建设银行的所有者权益为0，中国建设银行又进行了以下一系列操作：

首先将截至2003年底的实收资本、资本公积、盈余公积和当年的净利润共计177亿全部用于弥补累计亏损。所有者权益升为1154.77亿元。其后，中国建设银行又通过资产评估获得141.60元的净增值，但仍有1013.17亿元的窟窿需要填补，这一窟窿还需要央行和财政部动用资源进行填补。

（1）继续处置不良资产

2003年12月31日，中国建设银行把一笔面值为1289亿元的不良贷款按面值的5%暂时出售给央行；2004年6月信达从央行手中购得这笔不良贷款并向中国建设银行支付了644.5亿元以清偿中国建设银行的应付款项；2004年6月30日，中国建设银行又以其中634亿购买了同等面值的央行票据。

但事实上，中国建设银行这笔不良贷款的净市值只有286.32亿元，余下的358.18亿则是央行在处置中国建设银行可疑类贷款时提供的补贴。补贴后，中国建设银行的所有者权益上升为654.99亿元。

（2）财政税收减免

表5-5　　中国建设银行财政税收减免情况　　单位：亿元

	2004年	2005年上半年
税前利润	511.99	317.43
缴纳所得税	21.59	33.94
税收减免	154	78
净利润	490	283.49
补充权益	417.18	237.81

数据来源：中国建设银行2004年报和2005年中期报告。

在这一财政税收减免的过程中，中国建设银行共享受了232亿元的税收减免优惠，动用了654.99亿元的净利润填补缺口，最终使其总权益数上升为0。从而让2003年底汇金注资的225亿美元（RMB1872.05亿元）完全成为中国建设银行股份有限公司的总权益。

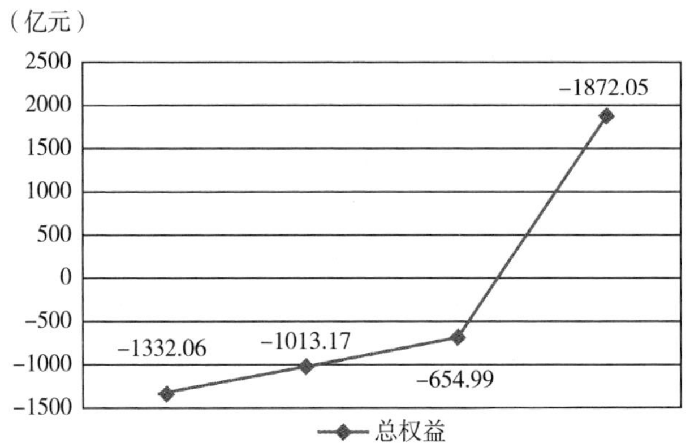

图5-1　2002～2003年中国建设银行所有者权益变化趋势

数据来源：根据《中国金融年鉴（2003～2004）》相关内容分析整理得来。

经过了两阶段的财务重组后，2003年底中国建设银行拥有1872.05亿元（225亿美元）的总权益，至2004年9月21日中国建设银行股份挂牌成立时，作为国有股权的代表，汇金和建银投资分持1655.38亿和206.92亿股中国建设银行股份，各占中国建设银行股份总数的85.228%和10.653%。2004年底中国建设银行总权益为1955.51亿元，2005年6月底为2009.40亿元，并且其主要财务指标基本上达到了银监会《关于中国银行、中国建设银行公司治理改革与监管指引》的各项要求。

表5-6 2005年6月底中国建设银行主要财务指标情况

项目	中国建设银行	银监会要求
总资产净回报率	1.01%	0.6%
权益净回报率	20.68%	11%
成本收入比率	38.93%	35%～45%
不良资产比率	3.91%	3%~5%
资产充足率	10.7%	8%以上
大额风险集中度	9.4%	小于10%
拨备覆盖率	63.52%	80%

数据来源：中国建设银行2005年度中期报告。

财务重组的圆满完成，为中国建设银行解除了历史包袱，为中国建设银行股份有限公司的上市做好了第一步的准备。

5.5.2 引入战略投资者，完善公司治理结构

1. 中国建设银行引入战略投资者概述

随着2004年6月中国建设银行财务重组的完成，2004年9月15日，中央汇金公司、建银投资、国家电网、宝钢集团和长江电力共同发起设立中国建设银行股份有限公司，这标志着中国建设银行在建立良好的公司治理结构方面迈出了第一步。中国建设银行股份有限公司成立后，建立了股东大会、董事会、监事会，明确了股东大会与董事会、监事会的关系，董事会、监事会与高级管理层的关系，建立了良好的公司治理机制。为此中国建设银行做出以下改革：

中国建设银行遵照“三会分设，三权分开，有效制约，协调发展”的指

导原则设立了规范的股东大会、董事会、监事会和高级管理层，建立制约与效率平衡的议事规则、决策程序、监督流程和透明清晰的信息披露制度。同时，新任中国建设银行党委书记郭树清上任后进一步明确了党委和董事、行长的职能分工：过去由董事长和党委书记直接主管的人力资源部今后划归行长管理，公司内的所有行政部门包括监察室都受高级管理层领导。从而改革了过去党委会与行长办公会“两会合一”的制度，将两会分开；改变过去党委成为经营管理核心的现象，而加强董事会的作用。由中央汇金公司向中国建设银行派驻股权董事，参与中国建设银行的董事会和股东大会，并在董事会中运用市场化的原则督促中国建设银行完善法人治理结构和市场化的经营机制。同时通过股东大会这一股份有限公司的最高权力机构对中国建设银行的预算和决算等经营举措发挥决策和监督作用。

经过以上一系列改革，中国建设银行在公司治理结构方面有了明显的改善，但不可否认，她还缺乏国际先进银行的经营理念和管理经验，中国建设银行做到的仅是“形似”，离“神似”还有很大差距，于是随后，中国建设银行进行了引入境外战略投资者的工作。我们对境外战略投资者的定义是：①入股比例大于5%；②持股期大于三年；③派出董事；④愿意转让技术和管理经验（战略投资者与投资企业间没有根本冲突）；⑤入股的中资银行不大于2家。按照以上的原则，中国建设银行断然结束了与花旗的引资谈判，在短短几个月内迅速与美洲银行和亚洲金融公司达成引资协议。

2005年6月17日，中国建设银行与美洲银行签署了关于战略投资与合作的最终协议，根据协议美洲银行将分阶段对中国建设银行进行投资，首期投资25亿美元购买汇金公司持有的9%中国建设银行股份。第二阶段将在中国建设银行海外IPO时认购5亿美元的股份，未来数年内享有增持19.9%的期权。作为整个交易的一部分，中国建设银行与美洲银行还签署了战略合作协议，美洲银行将利用其在银行零售业务方面的经验和国际金融市场上先进的管理经验和技术在众多领域向中国建设银行提供战略性协助。

2005年7月4日，中国建设银行与淡马锡旗下的全资子公司亚洲金融控股签署了战略投资协议。亚洲金融从汇金公司手中购买中国建设银行5.1%的股份，并在中国建设银行海外IPO时再认购10亿美元的股份。根据双方约定，亚洲金融将致力于帮助中国建设银行完善公司治理结构。

此外，美洲银行和淡马锡还分别向中国建设银行推荐一名董事人选，这样有了外资股东的加入，就从根本上改变了中国建设银行董事会成员的构成。而且外资股东从盈利的角度出发，将有力地监管中国建设银行经理层行为，尽力减轻银行政策性负担和亏损，提高其盈利水平。

2005年8月29日，美洲银行和淡马锡分别将25亿美元和14.66亿美元支付给中央汇金公司，从而分获9%和5.1%的股份。至此，中国建设银行的引资结束，中国建设银行正式成为外资参股的国有控股股份制银行。

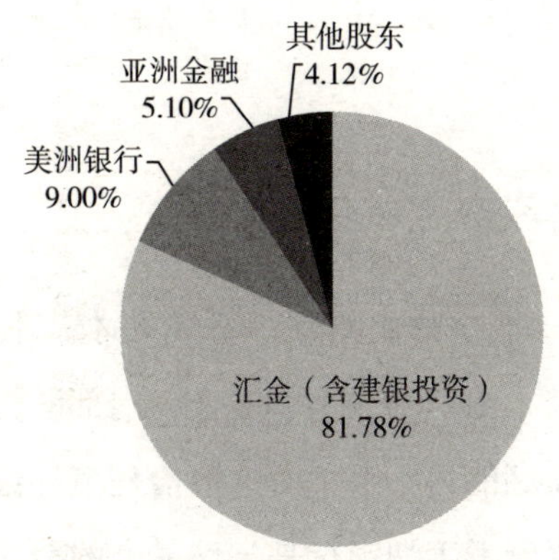

图5-2　中国建设银行引资饼图

2. 我国国有商业银行引入战略投资者的原因分析

当年我国国有商业银行面临着日益严峻的竞争环境，为了求得生存和发展，他们必须迅速提高自己的市场竞争力。而中资银行提高市场竞争力最大的困难，正是公司治理、内部控制、信息系统以及产品创新的落后，这些问题导致了我国国有商业银行的低不良资产率、高风险集中度、高成本、高损失和低盈利，并逐渐成为阻碍我国国有商业银行提高自身市场竞争力的桎梏。另外，根据WTO协定，2006年底外资银行就可以有限制地进入我国金融市场，这就意味着我国国有商业银行将面临来自世界各大银行的挑战。在这种情况下，国有商业银行必须整合现有的资源和充分利用外部资源，最为有效的途径就是引入境外战略投资者。

外资参股我国银行业，不仅有利于我们引进国外先进管理经验和金融创新方式，提高商业银行风险控制能力及创新能力，更重要的是有助于推进商业银行逐步实现股份制改造，形成良好的公司治理结构，而这一点，正是中国银行业改革的重点所在。随着2006年我国开放银行业市场的时限越来越近，将有更多的银行与外资金融机构合资、合作，外资参股将成为我国银行业迅速提高竞争力的有效途径，并有力地推动了我国银行业的改革。

所以，引入战略投资者是我国国有商业银行股份制改造和上市工作的进一步准备和铺垫，没有这一步，我国的银行业改革就无法顺利完成，随后的上市更是无从谈起了。

3. 引入境外战略投资者的收益分析

我国国有商业银行不缺营业网点，不缺人才，不缺客户，其最大的劣势就是发育的时间不长，组织结构不够健全，内部的管理和产品技术的创新工作做得不好，导致盈利能力不够，而这恰恰是境外银行的长处。以中国建设银行为例，其境外投资者美洲银行是全球最大的金融机构之一，拥有全方位的银行业、投资、资产管理和其他金融以及风险管理产品与服务的经验，该银行可以在美国提供无与伦比的便利服务，服务对象包括3300万消费者，5700个零售银行办事处，16000个自动取款机（ATM）和涉及1000多万活跃用户的在线银行业务。美洲银行作为美国首屈一指的美国小型企业管理局（Small Business Administration，SBA）贷款人，为150个国家的客户服务，并与96%的美国财富500强企业和82%的全球财富500强企业有着业务联系。美洲银行作为境外战略投资者是非常合适的，他不仅仅是在公司治理方面，而且在业务领域均具备专长和领先优势，并愿意向中国建设银行转让技术和管理经验，这将给中国建设银行的发展带来新的活力。从这一角度出发，更能够体现我国国有商业银行引入战略投资者的重要性和必要性。

4. 引入战略投资者的风险性分析

外资参股我国国有商业银行，可以为我们带来完善的公司治理结构，还可以为我们带来许多新的产品和技术，但作为国际战略投资者，他们也不会白白为我们服务的。他们也有自身追求的目标：谋求对中国银行业的控制；抢占中国金融市场份额；拓展本企业在华的业务；获得可观的盈利等。所以，引入战略投资者也是有一定风险的。

首先，应该考虑的是控制权问题。作为一个股份制企业，第一大股东在企业里的地位是特殊的，是具有决定权的。所以，作为我国的国有商业银行，我们不可能拱手把企业让与他人，则引进战略投资者就必须有一个度。目前，银行监管委员会已经做出了相关规定：单个的战略投资者的持股不能超过20%，所有的战略投资者总持股不能超过25%。但这并不能完全阻止境外投资者成为第一大股东，所以，国有商业银行在引入战略投资者的时候应该计算清楚，不能盲目引进，成为他人的口中之食。以深圳发展银行为例，它是我国最早进行股份制改造的银行之一，但它的控制权其实已经被国际战略投资者拿走了。

其次，战略投资与战略投机的区别。我们必须确定引入的是战略投资者，而不是战略投机者。几年前，当中石化、中石油在香港发行的H股跌破发行价时，英国石油公司、壳牌都作为战略投资者持股该公司，但是冻结期满后，股价成倍上涨的时候，他们就部分脱手股票，拿走了几十亿港币。所以，我们一定要提防有一部分境外投资商带着“战略投机”的目的来投资我国的国有商业银行。有学者分析过，如果交行的股价上涨到3.72，汇丰只需要脱手9.9%，就可以不花分文拿到交行10%的股权，因此对战略投资商的审查必须是严格的。

再次，文化的障碍很可能导致境外战略投资者和我国国有商业银行之间的摩擦。银行跨国并购，涉及两国的文化冲击，文化的障碍很可能会妨碍两国之间的交流，进而导致关系的破裂，带来许多不必要的损失。

5.5.3　首次公开发行股份

有了财务重组和引资股份制改造的成功铺垫，中国建设银行开始了香港IPO（InitialPublicOffering）上市的倒计时，无论从哪方面来说，2005年10月的香港都是属于中国建设银行的。作为第一家赴境外上市的国有商业银行，中国建设银行真正经历了市场的洗礼和考验。它这一次挂牌面向全球发售264.86亿H股，占整个中国建设银行股权的12%，其中香港发售19.86亿股，占比7.5；国际配售244.99亿股，占比92.5，发行总金额约为622亿港元，折合约80亿美元。

而这一次的特点就跟以往国有企业上市完全不同，它是全上市、全流通。这次发行的认购状况是非常好的，香港公开发行部分实现超额认购42倍，国际配售部分实现超额认购9.2倍，发行市净率为1.96倍，是今年国有企业在香港上市最理想的定价。它的成功上市创造了五个记录：第一，四年来全球最大的首次公开发行；第二，亚洲除日本地区以外规模最大的首次公开发行；第三，中国企业有史以来规模最大的首次公开发行；第四，20世纪80年代以来全球规模最大的银行股首次公开发行；第五，港交所历来上市集资额最多的首次公开发行。

1. 中国建设银行IPO的过程概述

（1）第一阶段：选择投行

此次中国建设银行上市，作为全球协调人的是摩根士丹利、中金公司和建银国际。事实上，在上市计划获批后，中国建设银行很早就决定，选择一家中资和两家外资投资银行作为上市承销商。在两年多里，很多投资银行都参与到这场承销商争夺战之中，包括中国国际金融公司、美林证券、花旗环球金融（原所罗门美邦）、瑞士信贷第一波士顿、JP摩根、德意志银行和汇丰控股等。可以说每一位竞争者都使出了浑身解数来角逐承销商这一资格：JP摩根搬出了美国前国务卿基辛格；德国总理施罗德则致信给中国国家总理温家宝，要求中国政府允许德意志银行参与中国建设银行上市承销；汇丰控股更是打出了“本地牌”，打出了“战略投资者+主承销商”的模式，并请美国前财政部长鲁宾出马。在这些竞争者中，我们不得不重点提及花旗集团，作为全球最具实力的金融企业集团以及其一贯以来与中国同业和高管所保持的良好接触，却最终没有成功。其实早在2004年1月8日，中国建设银行与花旗集团签署了风险管理技术合作方面的协议，随后中国建设银行已选择其作为主承销商之一，但由于此前花旗与上海浦发签订了排他性合作协议，加之2005年3月16日中国建设银行董事长张恩照的突然辞职，全盘打乱了这一计划，在张恩照接受党纪和司法部门调查的同时，花旗集团退出了主承销商和战略投资者的角逐。

摩根士丹利是中国建设银行的长期顾问，而中国国际金融公司则是由原中国建设银行和摩根士丹利合资成立的中国国内首家投行，所以摩根士丹利和中金毫无争议地成为中国建设银行上市募资的承销商。

作为此次中国建设银行IPO的主承销商，摩根士丹利获益不菲：80亿美元的募资规模，按2.5%的佣金折算，总承销费为2亿美元。而摩根士丹利做得也很不错，在中国建设银行挂牌当天摩根士丹利启动了“绿鞋”机制：所谓“绿鞋”机制是股价的“稳定器”：如果股票抢手，股价上扬，摩根士丹利可以按发行价增发股票来满足市场需求；如果股价下跌，摩根士丹利可以直接从市场买入股票以支撑价格。中国建设银行发布的公告强调，除“绿鞋”外，摩根士丹利还可以采用借股和买卖中国建设银行股票的方式来稳定股价。摩根士丹利采用的这种控制机制是非常成功的，它作为承销商，有维护股价的业务，而且在适当的范围内，港交所也是允许这种坐庄行为的。

（2）第二阶段：路演始末

2005年9月，中国建设银行向香港联交所递交上市申请。在获得香港联交所上市批准后，中国建设银行开始了海外上市的预路演。在预路演期间，承销商——摩根士丹利的分析师们一共与世界各地的350家机构投资者沟通，向他们推介中国建设银行股票，最终机构投资者的需求超过了190亿美元。2005年10月5日，中国建设银行开始在香港正式路演，并于14～19日到欧洲和美国进行路演。由于路演期间中国建设银行的管理层表现出色，使得总体下单率达到了83.7%，其中亚洲92.7%、欧洲86.7%、美国75.0%。19日招股结束，中国建设银行发售国际部分的需求超过600亿美元，获得10倍超额认购；香港公开发行部分需求超过170亿美元，获得42倍超额认购。

作为首家上市的国有商业银行，中国建设银行受到投资者的热烈追捧实属情理之中。而中国建设银行上市承销商之一的摩根士丹利发布报告称，中国建设银行管理层提及的派息率目标为35%~45%，如此高的派息率在港上市的国企大蓝筹中实为罕见，为投资者认购吃下了一颗“定心丸”。

中国建设银行本次全球发售264.859亿股，淡马锡获得了36.136亿股的份额，美洲银行则获得18.20068亿股的配售，剩余的210.655亿股中，190.791亿股份配给机构投资者，19.864亿股份配给散户投资者。下面两个图从客户类型和地区划分的角度直观展示投资者的需求。

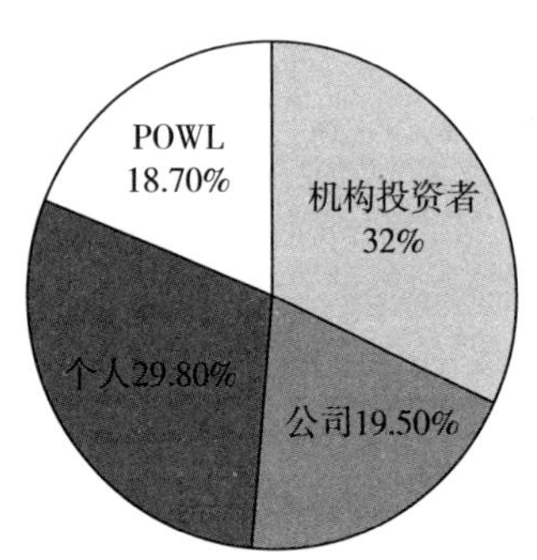

图5-3　按客户类型划分的投资者需求图

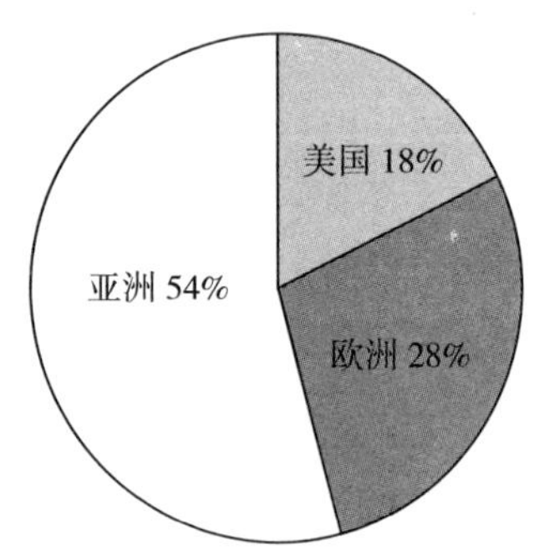

图5-4　按地区划分的投资者需求图

数据来源：中国建设银行网站，http：//www.ccb.cn。

（3）第三阶段：定价

2005年10月05日，中国建设银行承销团将价格区间确定为每股

1.8～2.15港元，随即开始全球路演。伦敦、香港、新加坡、阿姆斯特丹、法兰克福、米兰、爱丁堡、日本……中国建设银行所到之处受到了各地投资者的热烈追捧，市场的热度大大高于之前的估计。10月10日当晚，在伦敦进行路演的中国建设银行高管层决定提价，将定价区间提高至1.9～2.4港元，遭到投行的反对，经过一场激烈的辩论，10月19日，中国建设银行承销团在纽约商定，在2.36港元的基础上回落一分钱，最终确定在每股2.35港元上。提价后，中国建设银行仍然获得了近10倍的国际超额认购。10月27日上午10时整，中国建设银行正式在香港交易所挂牌交易，电子幕墙显示开盘价是每股2.35港元，这样的定价意味着上市当天中国建设银行的P/B值（即市净率：市价/每股净资产）就已经达到了1.96倍，在国际资本市场，衡量银行股价值的重要指标是市净率而不是市盈率。中国建设银行的市净率已经超过其战略投资者美洲银行的市净率（1.6倍左右），与汇丰的市净率（1.95倍）差不多。当时国内A股上市银行的市净率大约是2.2~2.3倍，中国建设银行与之接近。按照每股2.35港元的招股价格计算，如果不行使超额配股权，中国建设银行发行H股募集资金622亿港元，折合人民币648亿元，总市值为5186.83亿港元，折合人民币5400.53亿元。在中国建设银行全球发售之后，各大股东持股比例如下：

股东	持股比例（%）
中央汇金公司	62.595
建银投资	9.375
美洲银行	8.670
亚洲金融	5.986
上海宝钢	1.359
国家电网	1.359
长江电力	0.890
其余海外投资者	11.350

从上表可以看出，汇金和建银共同持有的1588.42亿股中国建设银行股份，占了整个股权比例的71.970%，其总市值为3663.28亿港元，折合人民币3814.2亿元，这与汇金和建银在财务重组时期对中国建设银行净投资的1496.24亿元相比，不到两年，汇金的投资溢价将高达155%。所以从市值和投资回报的角度来讲，中国建设银行的股份制改造和上市是很成功的。

5.5.4 国有银行债务改革对铁路的启示

国有银行改革历时三十年，实现了从单一到多元化竞争的银行体系，并基本完成了大型国有商业银行的股改上市。2003年初，国有银行还背负着巨额不良资产，当时数据显示，如果动用财政资金注资的方式处理四大银行的不良资产需约9700亿，相当于当时中国一年财政收入的50%。后来经过综合考虑，决定以外汇储备金为本金注资四大国有银行，成立资产管理公司，对四大银行进行重组，剥离清理银行的不良资产，然后引入海外战略资本（如建行引入谈马锡公司资本），实现了国有银行从计划体制的政策性银行向市场经济条件下的商业银行转变。

通过产权（股权）流转彻底改变了四大国有商业银行的财务状况，改变了国有股单一的股权结构，建立了现代公司治理架构，并用国际资本市场规则持续地规范银行的运作，持续为银行业创造盈利能力。经历改革后的国有银行在公司智力机制上持续完善，盈利模式和收入结构上不断优化，国际地位显著提升。

总的来说，中国建设银行的股份制改造和上市过程可分为：①债务重组；②引入战略投资者，完善公司治理结构；③公开发行股份。下面，从这三个阶段分析建设银行改革过程中国家和企业如何处置债务。

债务重组阶段，国家对建设银行实行转增资本金和债务免除政策。转增资本金：财政部向中国建设银行定向发放国债，以增加银行资本金；债务免除：信达向中国建设银行收购不良资产时，变相高估资产价值以及财政税收减免等措施，直接减少建设银行负债率。

引入战略投资者，完善公司治理结构阶段，建设银行实行债转股手段减少负债，并完善企业资本结构。债转股：建设银行与美洲银行和淡马锡达成引资协议，分别出资25亿美元和14.66亿美元支付给中央汇金公司，从而分获9%和5.1%的股份。

公开发行股票阶段，建设银行真正实现了企业上市和产权全流通。产权（股权）流转：建设银行在香港进行上市，一次性挂牌发售264.86亿H股，发行总金额约为622亿港元，折合约80亿美元。

当然在引进除国有资本以外的其他资本时也有一定的风险，尤其是引进国外资产，因为他们的目的是为了盈利。作为国外战略投资者，在给予我们先进的企业管理技术，以及新产品的同时，他们也希望控制中国的银行业，抢占中国金融市场份额，并拓宽自身业务。甚至这些引进的外资，打着战略投资的旗号，但实则是做一些投机的事情，导致国有资产流失，最终损害国家利益。

因此，我国铁路债务改革，必须有选择地学习国内外改革经验，做到虽脚疾但步稳。尤其是面对上万亿固定资产的大铁路，国家应尤为慎重。

铁路与建设银行有其相似之处，例如国家对于铁路和建行必须绝对控股，并时刻警惕国有资产流失。国务院成立中央汇金承接银行债务和股权，为建设银行之后的引资上市等步骤做了良好的基础。那么对于中铁总，财政部与国资委可共同成立相关的国有资本投资运营公司，承接铁路的股权和部分债务，并投融资手段筹集铁路所需的建设资金，而不由中铁总承担基建活动，这就根本上遏制了铁路债务膨胀。这样之后，中铁总可以从债务的泥潭中脱身，并专心经营客货运业务，为以后的改制甚至上市打好坚实的基础。

5.6 国有企业改革过程中债务处置启示

国有企业债务处置主要涉及四种方式：债务免除，转增资本金，债转股以及产权（股权）流转。总结起来，前两种主要由政府出资，债务免除是政府直接免除企业相关债务，是行使债权人权益，属于单方面解除债权；转增基本金是政府作为投资人，企业作为被投资方的投资行为，属于双方协议达成的交易。但是这两种方式处理的债务量有限，尤其是面对铁路4万多债务时就显得杯水车薪。而债转股与产权（股权）流转债务处理则都利用了资本市场上充裕的资金，只要运用恰当，中铁总可以大幅降低企业负债率，不过处理方式必须按照规范执行。

通过分析，作者设想从铁路总公司现有体制改制改革入手，例如铁总在成为国有独资公司之前，可以用债务免除、债转资本金来处置部分负债，此时虽然对于铁路债务减少作用有限但是可以为铁路改革争取时间，给市场一颗定心丸；然后在铁总改制成国有独资公司之后，可以通过债转股处理部分负债。在引入混合所有制之后，还可以通过产权（股权）流转再来处置部分，此时铁路部分股权可以在资本市场上自由流通，通过吸引资本市场充裕的资金，最终减少企业资产负债率，改善企业经营环境。铁路改革关乎国计民生，时时刻刻都需保持警惕，避免投机者再次窃夺改革红利。

5.7 本章小结

本章按债务处置手段的不同，分别收集债务免除、转增资本金、债转股以及产权（股权）流转四种企业改革实例。目的在于用实践经验说明上述手段的可行性。最后阐述了建设银行的改革建设：从财务重组，到引入战略投资者，完善公司治理结构，最后公开发行股份整个过程。而建行体制改革过程中较好融合了上述四种债务处置手段，并为铁路改革提供强有力的参照。

作者认为，国有企业改革从20世纪七八十年代逐步展开，到朱镕基时代国企改革尤为深刻，其中银行以及电力等国有企业逐步完成了现代企业体制改革，最终摆脱了巨额负债这个包袱。国企改革之后，企业的盈利水平，市场竞争力都有较显著的提高。因此，我国铁路在处置债务方面，可以借鉴国内企业的债务处置方式，合理规避风险。

作者建议，铁路债务处置可参照上述四种债务处置方式，包括债务免除，转增资本金，债转股和产权（股权）流转，并成立类似中央汇金的国有资本投资运营公司，分担铁路债务并在市场上经营铁路股权。

第六章
我国铁路改革过程中的债务处置

根据上文国内外铁路债务实践与启示，作者梳理了铁路债务处置基本脉络，并就铁路债务处置四种手段阐述相应的实施途径与实施条件。

6.1 铁路债务处置的基本思路

6.1.1 铁路债务处置方案的责任主体

根据2013年《国务院关于组建中国铁路总公司有关问题的批复》①文件第二条与第十条（见专栏6-1）中明确指出财政部代表国务院履行铁总出资人职责，并由财政部会同国家有关部门研究提出具体处理方式。可见，铁路债务处置方案的责任主体为财政部，有关部门协助。

专栏6-1

国务院关于组建中国铁路总公司有关问题的批复

国函〔2013〕47号

交通运输部、财政部、国家铁路局：

原铁道部关于报请审批中国铁路总公司组建方案和公司章程的请示

① 国务院："国务院关于组建中国铁路总公司有关问题的批复"，中华人民共和国国务院公告，2013（9）：22–23。

收悉。现就组建中国铁路总公司有关问题批复如下：

…

二、中国铁路总公司是经国务院批准，依据《中华人民共和国全民所有制工业企业法》设立，由中央管理的国有独资企业，由财政部代表国务院履行出资人职责，交通运输部、国家铁路局依法对公司进行行业监管。

…

十、中国铁路总公司承继原以铁道部名义签订的债权债务等经济合同、民事合同、协议等权利和义务；承继原铁道部及国家铁路系统拥有的无形资产、知识产权、品牌、商标等权益，统一管理使用。妥善解决原铁道部及下属企业负债，国家原有的相关支持政策不变，在中央政府统筹协调下，综合采取各项措施加以妥善处理，由财政部会同国家有关部门研究提出具体处理方式。

…

国务院

2013年3月14日

资料来源：中华人民共和国人民政府官网，http://www.gov.cn/zwgk/2013-03/14/content_2354218.htm.

6.1.2　铁路债务处置基本脉络

正如第4章“国外铁路改革进程中债务处置的实践与启示”所述，日本“国铁”改革最为关键的一步就是日本政府承担了巨额亏损的“国铁”的大部分债务，以解除企业债务负担的困扰。

若JR公司承担“国铁”的长期债务37.5万亿日元，JR公司很可能因为利息负担过大而倒闭。因此日本政府在“国铁”改革之际成立“国铁清算事业团”继承原“国铁”三分之二的长期债务，JR公司只继承其余三分之一。国铁清算事业团的资产主要是：①JR公司的股票；②原国铁所有的土地中除JR公司的铁道事业必用以外的剩余土地。清算事业团须将其资产（股票和土地）卖掉，用以偿还长期债务。不过，若是其资产收入尚不足以偿还债务，最终需要国民负担和用税金偿还。因此，日本“国铁”改革思路中也涉及有政府对铁路的债务免除以及债转股（例如持有JR公司股票）等形式。

作者认为在我国基本铁路路情下，若要妥善解决原铁道部及下属企业负债，国家原有的相关支持政策不变，在中央政府统筹协调下，综合采取各项措施加以妥善处理，由财政部会同国家有关部门研究提出具体处理方式。然后再结合第5章“国有企业改革过程中债务处置实践与启示”，作者提出了基于我国铁路体制改革的债务处置方式，最终整理为四种处理方式，分别为债务免除、转增资本金、债转股以及产权（股权）流转。

①债务免除是指国家通过发布相关文件或通知，通过行政手段免除国有企业所欠的国家债务

作者认为，我国铁路企业属于全民所有制企业，所有权归全体人民所有，是社会主义国家特有的企业形式。因此在所有制不变的情况下，国务院会同财政部可通过债务免除处理铁路债务。此时铁路债务减少，资本金和股权不变。

②转增资本金是指，国家将国有企业从银行所得贷款作为国家对企业的直接投入，从而增加企业资本金。

资本金（Capital）根据我国《企业财务通则》规定：“设立企业必须有法定的资本金。资本金是指企业在工商行政管理部门登记的注册资金。”我国现行《公司法》实行认缴资本制，即实缴资本与注册资金不一致的原则。资本金在不同类型的企业中的表现形式有所不同。

中铁总是经中华人民共和国国务院批准，依据《中华人民共和国全民所有制工业企业法》，并由国家出资成立的大型国有企业。由于铁路运输带有公益性质，因此铁总盈利水平不高，难以偿还每年银行的巨额本息。不过可以由财政部负责处理部分银行贷款，最终计入铁路总公司资本金。此时铁路债务减少，资本金增加。

③所谓“债转股”主要是指铁路将债务转化为股本，债权人拥有这部分

股本并参与企业运营。

若有国务院支持，财政部承担铁总改制过程中必要的财务支持职责，并成功改制为国有独资公司。那么改制之后的铁总，可通过债转股手段处理部分或全部债务。此时铁路债务减少，股权增加。国有独资公司是指通过国家单独出资、由国务院或者地方人民政府授权本级人民政府国有资产监督管理机构履行出资人职责的有限责任公司。国有独资公司不设股东会，由国有资产监督管理机构行使股东会职权。

④产权（股权）流转简单理解，是将产权作为商品在市场上进行流通，产权可以转让或交易。

党的十八届三中全会指出："国有资本、集体资本、非公有资本等交叉持股、相互融合的混合所有制经济，是基本经济制度的重要实现形式，有利于国有资本放大功能、保值增值、提高竞争力，有利于各种所有制资本取长补短、互相促进、共同发展。"这一论断为中铁总发展混合所有制改革提供了可能性。因此，当中铁总进行混合所有制改造时，企业就能够通过债转股以及产权（股权）流转形式处理巨额负债。此时，债务减少，所持股权减少。

第三种与第四种债务处置方式，国资委的作用至关重要。国资委对国有铁路资产的保值增值进行监督，加强国有资产的管理工作；在产权（股权）流转过程中推进铁总的现代企业制度建设，完善公司治理结构；最终促进国有企业改革和重组。

不过，铁路债务巨大，上述四种方式的任意一种都不可能完全解决问题。因此本书的基本思路是结合这四种方式，在铁路现代化企业改革过程中逐步完成债务处置。首先，中铁路总目前属于全民所有制企业，所有权归全体人民所有，铁路产权不能自由买卖。不过若由政府出面，通过债务免除和转增资本金先处理部分债务，则可暂时缓解偿还债务压力。其次，铁路若通过改制，成为国有独资公司，那么可通过"债转股"形式再处理部分债务。最后，铁路若进行混合所有制改造，那么产权就处于放开状态，因此可通过"产权（股权）流转"手段处理债务，不过需要注意，铁路属于国家重要战略资产，国家需要对铁路形成绝对控股。因此中铁总若进行混合所有制改造，国家控股比例不宜小于50%，而剩余股权则可以自由流通，合理引进社会投资者和国外投资者，使企业资产结构达到最优化状态。最终完成现代企业制改造，成功摆脱负债的桎梏。

股权转让过程中国有资产投资运营公司也起着关键作用。国有资产投资运营公司有一个鲜明的特点，就是没有“产业情节”，不经营单一产品或产业，呈现出以经营资本为主的、跨行业的和综合性投资的业务结构特征。一般来说其主要经营对象就是公司股份。所以中铁总通过股权转让给国有资产投资运营公司，可以有效降低企业资产负债率，专心经营中铁总擅长的客货运业务；而国有资产投资运营公司则专心经营铁总股权，这样就达到了优势互补、互利共赢的目的。

铁路总公司债务问题牵扯广泛，作者认为由国务院牵头才算合理。再由财政部与国资委共同发起、前期由各大国企（实业国企与金融央企）共同出资成立铁路国有资产投资运营公司，后期可吸纳各类社会资本（含个人资本甚至外资）增资入股。

铁总下属机构——资本运营和开发部的职责之一为承担总公司长期股权投资管理工作。因此可将该部门从铁总中剥离，并由财政部、国资委共同监管，各大央企注资增资，升格成为铁路国有资本投资运营公司。

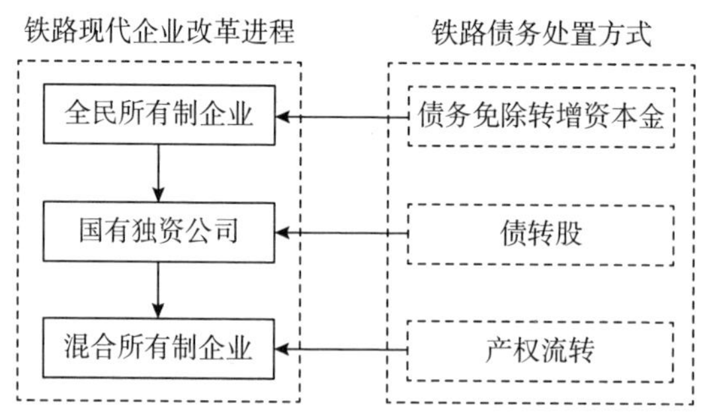

图 6-1　基于铁路体制改革的债务处置方式

基于以上设想，本书将顺序介绍债务免除、转增资本金，债转股以及产权（股权）流转四种形式阐述中铁总债务处置思路，包括实施途径和实施条件。

6.2 基于债务免除处理铁路负债

6.2.1 铁路债务免除实施途径

十二届全国人大四次会议上（2016年3月）提出“国企改革”要抓好“三个一批”的要求，即创新发展一批、重组整合一批、清理退出一批。会议上明确表示，要抓好对于国家战略需要、央企有优势的产业和战略性新兴产业，比如航空航天、核电、高铁、新能源、新材料、智能电网等，要加大投入力度。对于央企长期亏损和资不抵债的低效无效资产，要加大处置力度，积极化解过剩产能。显然中国铁路总公司是国家战略支持企业，但是需要重组整合。

据统计，截至2016年底，中铁总总负债为4.72万亿元人民币。不过负债大致可分为带有公共服务性质的公益性负债以及企业常规经营的经营性负债。公益性负债比较典型的有：因国家战略安全需要而投资建设新线所承担的债务以及中铁总承担关键物资（例如军事物资，民生物资等）运输而产生的运营负债。经营性负债则是除了公益性负债的其他因企业自身运营管理水平不善而产生的负债。基于此，铁路负债则需要国家与中铁总共同承担，不过中铁总需负主要责任。

再根据国家“三个一批”的要求，国家明确表示高铁属于国家战略、创兴产业。因此如要高效运用铁路资产，加快中铁总现代化企业制度建设，那么企业必须进行债务重组。作者设想国务院则牵头债务免除部分，铁路国有资本投资运营公司统筹铁路债务重组，由财政部确定免除铁路债务的具体内容。

6.2.2 铁路债务免除实施条件

国家豁免铁路债务的目的是对现行债权债务关系进行调整，并通过调整企业的债权债务关系，促进企业制度创新，优化国有企业资产结构与产权（股权）结构，重建市场运行的微观基础，使企业形成自我调整资产负债水平的机制，提高社会资源的配置效率。因此，铁路部门若想国家给予一定的债务免除优惠，铁路部门必须展示自身投资价值，抓紧优化企业运营管理，具体表现为精简企业职能部门结构，减少冗余人员的设置，实现“小总部，大产业”的结构；运用市场营销理念，提高企业盈利能力，起到国有资产保值增值的效果；加快“网运分离”改革步伐。在社会上，国家应该给予积极正面的宣传，使民众明白铁路债务中既有运营亏损债务，又有承担公益性义务而形成的债务。有了人民的理解和支持，政府就能加快推进铁总体制改革，处理铁路债务，最终实现现代化等一系列宏观布局。

6.3 基于转增资本金处理铁路负债

铁路转增资本金是指债务人将债务转为资本，同时债权人将债权转为股权的债务重组方式。债务转为资本时，对股份有限公司而言为将债务转为股本；对其他企业而言，是将债务转为实收资本。

6.3.1 铁路转增资本金的实施途径

参照《上海市发展计划委员会、上海市财政局关于地方基建“拨改贷”转增国家资本金的处理办法的通知》（沪计调[1996]37号），文件中明确指出相关的操作程序和办法，因此，政府在处理铁路部门相关债务时可进行参考。不过由于铁路有自身盈利发展的权利，也有承担社会公益运输的义务，因此，相关专家提出铁路负债处理必须区别对待，可分为公益性负债与经营性负债。作者认同此观点，并基于此拟规范铁路转增资本金的实施途径。

①区分公益性负债与经营性负债。公益性负债是指，铁路企业应承担公益性运输或者建设公益性线路任务而造成的企业业务亏损。公益性运输包括抢险、救灾物资运输；支农物资运输；军运物资运输；伤残军人、学生的运输；军运客运；市郊旅客运输；铁路支线运输；公益性铁路建设并交付运营的项目；特定物资运输。益性铁路是指不以营利为目的的铁路线路，一般具有政治战略意义，如青藏铁路，川藏铁路等。经营性负债是指铁路除公益性负债以外的负债。

②整理公益性负债的相关材料，向发展改革委、财政部提出书面申请，包括公益性负债明细、申请理由、申请金额等相关资料。

③由财政部会同国资委办理转增国家资本金的手续。

④转增国家资本金的财务会计处理问题按财政部给出的相关文件处理。

6.3.2 铁路转增资本金的实施条件

基于铁路自身实际，并参考《关于将部分企业“拨改贷”资金本息余额转为国家资本金的实施办法》（计投资[1995]1387号）以及《上海市发展计划委员会、上海市财政局关于地方基建“拨改贷”转增国家资本金的处理办法的通知》（沪计调[1996]37号）的相关思路，作者拟制定铁路债务转增资本金的实施条件。

①所有制形式要求中铁总属于全民所有制企业。目前中铁总遵循《企业法》运作，其所有制形式限制企业产权（股权）进入资本市场自由流转，因此中铁总转增资本金在本质上是铁路债务转为企业实收资本，债权人增加企业股权。

②明确转增国家资本金的范围：转为国家资本金的“拨改贷”资金是

指经国务院批准，由中央财政安排的国家预算内基本建设投资，扣除已经偿还、豁免的本息，从使用贷款之日起至相应截止日止的本息余额。

③企业需要提供相关审计单位的审计报告，并且归还资金本息余额有困难，确需国家直接投资增加资本金。

④企业申请将“拨改贷”资金本息余额转为国家资本金时，必须明确中央级“拨改贷”资金的出资人。

⑤企业必须经过清产核资、资产评估，才能申请办理将“拨改贷”资金本息余额转为国家资本金的手续。资产评估工作由国家国有资产管理局负责组织实施。

⑥企业关于将“拨改贷”资金本息余额转为国家资本金的书面申请，包括企业概况、申请理由、申请金额等内容；项目的可行性研究报告、扩初设计的批准文件和竣工验收报告；历年“拨改贷”资金使用和还贷情况，企业清产核资情况（需清产核资办签署审核意见）；企业的资产评估情况（由资产评估机构出具的评估报告和相应的国有资产管理部门对评估结果的确认文件）；近几年企业年度会计报表（以财政部门批复的决算数字为准）。

其中清产国资办是国务院指示国资委或者财政部成立专门清查核算铁路资产的办公作业部门。

6.4 基于债转股处理铁路负债

“债转股”这一名词来源于经济学界，是债权转股权这一债务重组工具的简称。从广义法律意义上说，债转股是指债权人将其对债务人享有的有效合法债权转换为对债务人的投资，由此增加债务人注册资本的法律行为，其中包括债权的消灭以及股权的产生两个法律关系[①]。

① 陈洁：“我国现阶段债权转股权的法律环境分析”，《当代法学》，2000（03）：12-14。

根据国务院印发《关于市场化银行债权转股权的指导意见》："鼓励金融资产管理公司、保险资产管理机构、国有资本投资运营公司等多种类型实施机构参与开展市场化债转股；支持银行充分利用现有符合条件的所属机构，或允许申请设立符合规定的新机构开展市场化债转股；鼓励实施机构引入社会资本，发展混合所有制，增强资本实力。"因此，作者认为通过成立铁路国有资本投资运营公司开展铁总债转股是可行的。

6.4.1 铁路债转股的实施途径

债转股的具体做法，可以概括[①]为以下几点。

1. 成立铁路国有资本投资运营公司

中共十八届三中全会通过了《中共中央关于全面深化改革若干重大问题的决定》，提出以管资本为主，加强国有资产监管，完善国有资产管理体制。国有资本投资公司是国家授权经营国有资本的公司制企业。公司的经营模式，是以投资融资和项目建设为主，通过投资实业拥有股权，通过资产经营和管理实现国有资本保值增值，履行出资人监管职责。

而且2017年2月25日，国资委已明确在神华集团、宝钢、武钢、中国五矿、招商局、中交集团和保利集团7家央企开展国有资本投资公司试点。因此通过铁路国有资本投资运营公司推进中铁总建立现代企业的进程，最终摆脱负债桎梏的时机已经成熟。

2. 中铁总申请签署债转股协议

铁总实施债权转股权，前提是由国资委向铁路国有资产投资运营公司推荐。国有资产投资运营公司对被推荐的企业进行独立评审，制定企业债权转

---

① 黄日旺："债转股的法律分析"，湖南大学，2001。

股权的方案并与企业签订债权转股权协议。债权转股权的方案和协议由国资委会同财政部、中国人民银行审核，报国务院批准后实施。

3. 收购不良贷款

国有资产投资运营公司按照国务院与国资委确定的范围和额度收购中铁总股权，中铁总则通过股权出售，偿还债务；国有资产投资运营公司若超出确定的范围或者额度收购的，须经国务院专项审批。在国务院确定的额度内。

4. 处理不良资产

国有资产投资运营公司买进股权后，运用自己的特殊法律地位和专业化优势，对股权进行一定的经营操作，如有可能也可以出卖一部分。

5. 股权退出

债转股以后，国有资本投资运营公司将成为企业阶段性持股股东。所谓阶段性持股，即国有资本投资运营公司在债转股后，取得企业的股权，通过监督企业的经营，促使企业扭亏为赢，稳定股权价值，之后，将股权转让给第三人的行为。阶段性持股将避免持续持股带来的弊端，它意味着管理公司最终目的和最终的步骤是将股权脱手，退出现有的投资领域，收回投资。

6.4.2 铁路债转股的实施条件

铁路进行债转股的前提条件是企业必须已经改制为国有独资公司或正改制为国有独资公司。并且国资委对实施债转股的中国铁路总公司也需要制定相应的要求，作者认为需满足6个条件。

1. 明确债转股范围

转股债权范围以银行对企业发放贷款形成的债权为主，适当考虑其他类型债权。转股债权质量类型由债权人、企业和国有资本投资运营公司自主协商确定。

2. 通过国有资本投资运营公司开展铁路债转股

除国家另有规定外，银行不得直接将债权转为股权。银行将债权转为股权，应通过向国有资本投资运营公司转让债权、由国有资本投资运营公司将债权转为铁总股权的方式实现。

3. 筹集债转股资金

债转股所需资金由国有资本投资运营公司充分利用各种市场化方式和渠道筹集。例如国有资本投资运营公司依法依规面向社会投资者募集资金，特别是可用于股本投资的资金，包括各类受托管理的资金。也可发行专项用于债转股的金融债券，发行用于债转股的企业债券。

4. 规范履行股权变更等相关程序

铁总在进行债转股时应依法进行公司设立或股东变更、董事会重组等，完成工商注册登记或变更登记手续。涉及公司上市增发股份的应履行证券监管部门规定的相关程序。

5. 依法依规落实和保护股东权利

铁总债转股实施后，要保障国有资本投资运营公司享有公司法规定的各项股东权利，在法律和公司章程规定范围内参与公司治理和企业重大经营决策，进行股权管理。

6. 加强和改进服务与监督

铁路运输被称为国家经济动脉，国务院、国资委、财政部等部门要健全工作机制，加强协调配合，做好服务与监督工作。在加强监督指导的同时，及时研究铁路债转股引发的新情况，解决债转股实施中出现的新问题。加强政策宣传，做好解读、引导工作。

6.5 基于产权（股权）流转处理铁路债务

6.5.1 铁路产权（股权）流转实施途径

借鉴产权（股权）流转处置债务的历史经验，目前考虑我国铁路改革的实际，我国铁路以国有资产产权（股权）流转方式处置债务宜按“清产核资—产权（股权）调整—产权（股权）流转—债务偿还”四个步骤展开。

1. 清产核资

产权（股权）流转的基础是清晰准确的产权（股权），只有明确的产权（股权）关系才可以避免产权（股权）交易中面临的障碍。铁路国有资产是指国家以各种形式向铁路投资和投资收益形成的财产以及依法认定的其他国有财产。在铁总发布2016年一季度审计报告中显示，铁总总资产6.35万亿元，总负债4.14万亿元。然而，2013年3月，“铁路总公司无形资产无法估量”、“铁道部的资产有上千万亿”等报道也见诸各种媒体[①]。尽管目前我国铁路国有资产总量的准确数据难以判断，但毫无疑问，我国铁路国有资产

---

① 金微：“铁道部资产上千万亿,4.3万亿太低估”，21世纪网[2014-02-15]。http://www.21cbh.com/HTML/2013-3-14/yOMTI1XzYzOTYyOQ.html。

数量巨大，是中国特色社会主义基本经济制度的重要组成部分，为经济社会发展与人民生活水平提高发挥着极其重要的作用。

因此，在全面深化铁路改革实施之前，建议尽早按照我国已颁布的多项法规、规章，制定铁路产权（股权）管理办法，尽早开展铁路国有资产的清产核资、产权登记、统计报告以及资产评估。在全面深化铁路改革实施之中，各类铁路企事业单位的废止与设立均应依法实施审计、监督，从而避免铁路国有资产流失。

2. 产权（股权）调整

产权（股权）调整的目的在于以产权（股权）为纽带将铁路总公司与各铁路局掌握的路网、运营业务全部整改为产权（股权）清晰的股份制公司。前期研究表明：基于统分结合的路网分离是我国铁路改革的必然选择[①]，所以产权（股权）调整应由运营公司产权（股权）调整、路网公司产权（股权）调整两部分组成。

①运营公司产权（股权）调整。首先成立资产管理部门，在厘清铁路运营与路网公司的资产边界之后，负责对运营公司进行资产核算及管理。然后，将以上运营公司重组为由总公司、各铁路局相互控股、参股的非上市股份有限公司，此时股权便是产权（股权）的体现。

②路网公司产权（股权）调整。首先成立建设与资产管理部门，厘清路网公司产权（股权）后，负责今后一段时期内路网公司相关资产的管理。然后，由总公司主导进行路网公司（由目前铁路局剥离运营业务而形成）整合重组，形成非上市的中国铁路路网（集团）股份有限公司。

产权（股权）调整的最终成果是形成以股份制为主要特点的、具有现代企业制度的若干家运营公司和一家路网集团公司。这些公司将成为未来产权（股权）流转并实现铁路中长期债务处置的主体。

---

① 左大杰："铁路网运分离的必要性与实施路径"，《综合运输》，2013（07）：44-46。

3. 产权（股权）流转

产权（股权）流转的目标是实现运营公司的完全市场化与路网公司的混合所有制，以流转产权（股权）获得的资金偿还债务。

①铁路产权（股权）流转的政策依据。党在十八届三中全会指出："鼓励非公有制企业参与国有企业改革，鼓励发展非公有资本控股的混合所有制企业，积极发展混合所有制经济。"2016年3月，"两会"期间国务院总理李克强在《政府工作报告》中首次大篇幅谈及基础设施等资产证券化问题，明确提出：深化投融资体制改革，继续以市场化方式筹集专项建设基金，推动地方融资平台转型改制进行市场化融资，探索基础设施等资产证券化，扩大债券融资规模①。可见，国家政策鼓励以产权（股权）流转形式发展混合所有制经济对国有资本进行保值增值、提高竞争力。

②铁路产权（股权）流转的总体思路。根据十八大报告"混合所有制经济"的相关理论及"根据不同行业特点实行网运分开、放开竞争性业务，推进公共资源配置市场化"有关要求，考虑铁路运营类公司属于充分竞争性业务的本质（铁路军事运输除外），可将运营类公司通过上市将全部产权（股权）售出，让这部分业务完全交给市场运转，铁总、各铁路局完全退出；而路网公司的产权（股权）流转方式需考虑到铁路的特殊社会属性与国家财政的承受能力，宜形成由国家控股的混合所有制企业（控股比例宜大于50%）。运营公司与路网公司产权（股权）流转分别如下所示：

第一，运营公司产权（股权）流转。产权调整之后，将运营类公司上市，并通过相关法规，要求总公司、各铁路局逐步退出运营类公司，为各类社会资本参与运营类公司创造公平的环境，将总公司、各铁路局控股、参股的运营类非上市的股份有限公司逐步转型成为社会资本控股、参股的股份有限公司。产权（股权）流转后总公司、各铁路局将获得的部分或全部收益可

---

① 李克强："深挖国内需求潜力 积极调整改革需求结构"，新华网[2016-03-15]，http://news.xinhuanet.com/politics/2016lh/2016-03/05/c_128775567.htm。

以用来偿还铁路债务。

第二，路网公司产权（股权）流转。路网公司产权（股权）流转可通过表1所示的三个备选方案引入社会资本，将铁总及所辖十八个铁路局全资的中国铁路路网股份有限公司重组为具有混合所有制特点的中国铁路路网股份有限公司，实现股权多元化（最多可将49%的股份流转给非公资本），有利于实现企业的公司制管理。

表6-1　路网公司产权（股权）流转三大备选方案

方案	内容	优点	缺点
方案一	财政部购买中铁路网部分或全部资产与债务，并成为中铁路网股东或控股股东	能够较快处理掉铁路长期以来的债务	影响公司与资本市场接轨，且无法改变铁路建设资金来源单一的问题
方案二	允许国内外战略资本购买中铁路网部分（不宜高于49%）资产与债务，并成为中铁路网股东或控股股东	能够使路网公司与市场完全接轨	①容易出现资产低估现象 ②容易使被少数资本控制
方案三	引入社保、养老基金注资中铁路网，成立资产管理公司，对路网公司进行重组，然后引入海外战略资本，实现了从资金单一的政策性公司向市场经济条件下的路网公司转变	①公平性较好 ②有效防止资产低估现象	无先例，决策难度较大

4. 债务偿还

通过产权调整与流转后，运营类公司完全与市场接轨，而路网公司则形成由国有资本与社会非公有资本相互控股、参股的混合所有制路网（集团）股份有限公司（其中国家股权宜大于50%）。因此，铁路总公司偿还债务的渠道主要由两个部分组成，一是流转运营公司最多100%的股权而获得的资金，二是流转路网公司最多50%～X的股权而获得的资金。

①以流转运营公司的产权（股权）而获得的收入来偿还债务。国外一些国家铁路运营情况与运营类公司数量如表6-2所示[①]，参考这些国家运营类公司数量，综合对比国土面积、线路里程、旅客周转量、货物周转量、运营类公司数量等指标，由铁路总公司与各铁路局根据需求共同组建数百家运营类公司完全是可以接受的。通过出售运营类公司的股票退出运营市场，将股票收入的全部或部分用于偿还债务。目前，运输与物流板块具有代表性股票市值（表6-3所示），可以看出该板块国内上市公司的平均市值在260亿左右。因此，若以2015年9月铁路债务总额3.94万亿为处置目标，大约需150家左右的运营公司（按平均市值260亿元计），仅为日本、德国、美国运营公司数目的75.0%、73.2%、26.6%。笔者认为，铁路运营类业务是可以完全放开的“竞争性业务”，通过流转运营公司的产权（即股权）可以有效处置我国绝大部分甚至全部铁路中长期债务。

表6-2　　部分国家铁路基本运营情况及运营公司数量

国家	国土面积（万平方公里）	线路里程（万公里）	旅客周转量（亿人公里）	货物周转量（亿吨公里）	运营类公司数量	备注
德国	35.70	4.1	830.00	1073	超过200家	—
日本	37.78	3.0	3950.67	199.98	205家	客运：193家 货运：12家
美国	962.90	22.4	94.76	28800.00	564家	客运：1家 货运：563家
中国	960.00	10.3	9612.29	29130.30	待论证	待论证

① 王少聪、吕君：“德国铁路民营化改革的经验及启示”，《辽宁行政学院学报》，2006（10）：12–13；中国铁道科学研究院科学技术信息研究所：“日本铁路”[EB/OL]，国家铁路局[2014–11–18]，http://www.nra.gov.cn/fwyd/zlzx/jwtlxx/jytddt/201309/t20130917_2579.htm；袁欣、张秋生：“美国铁路公司并购史分析”，《生产力研究》，2011（2）：131–133。

表6-3 国内主要运输与物流板块上市公司规模 单位：亿元人民币

上市公司名称	总市值	平均市值
铁龙物流	119.98	259.72
外运发展	245.02	
中海集运	822.49	
中储股份	220.86	
长江投资	60.80	
怡亚通	477.91	
深圳国际	228.12	
嘉里物流	160.39	
福沃运输	86.09	
康威物流	175.55	

注：①深圳国际、嘉里物流为H股，福沃运输、康威物流为N股，其余为A股，总市值单位已统一换算为人民币。②统计时间为北京时间2016年1月3日。

②以流转路网公司的部分产权而获得的收入来偿还债务。最多以运营公司100%的股权，再加上路网公司50%～X的股权流转出来的资金，偿还中长期债务。相比于日本国铁将绝大部分债务打包给清算事业团处理，结果由于房地产泡沫破裂，债务最终由全民埋单的方式，这种处理债务的方式风险更低。

5.可行性分析

第一，技术路线可行。运营公司和路网公司通过“清产核资——产权（股权）调整——产权（股权）流转——债务偿还”的技术路线（如图6-2所示）实现产权（股权）的流转，实现企业化经营与竞争性结构，并实现铁路业与资本市场的对接，这对改变我国铁路建设过度依赖国家投资和债务融资的状况具有积极作用。这种方法在很多业中已经得到实践，具有一定的可行性。

第二，总量相当。通过运营公司至多100%的股权，再加上路网公司50%～X的股权流转出来的资金与目前铁总的债务总额相当，而且债务处理过程中风险较低，能够有效处置我国铁路中长期债务问题。

第三，可能存在相关法律法规的空白。技术路线的实施需要强有力的法律法规约束以及政策支持，法律和法规的约束既能推进技术路线的实施，又能防止国有资产的流失。因此，应该加强前期研究与顶层设计。

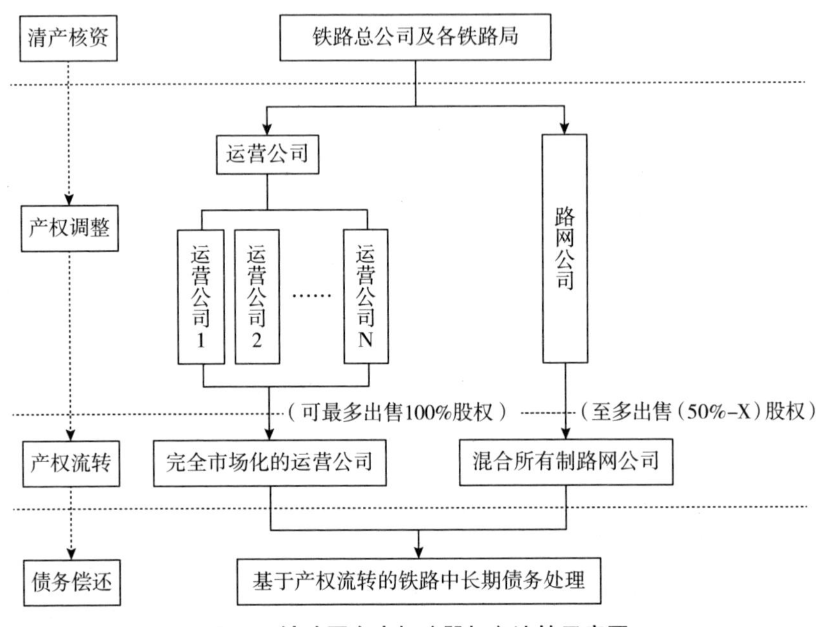

图6-2　铁路国有产权（股权）流转示意图

6.5.2　铁路产权（股权）流转的实施条件

2013年11月12日，党的十八届三中全会通过《中共中央关于全面深化改革若干重大问题的决定》（以下称《决定》）提出积极发展混合所有制经济，并强调国有资本、集体资本、非公有资本等交叉持股、相互融合的混合所有制经济是基本经济制度的重要实现形式。《决定》中也提及了建立国有资本运营公司和国有资本投资公司。因此可由国有资本投资运营公司购买中铁总股权，然后由出卖股权得来的资金偿还债务，而成为中铁总股东的投资运营公司通过监督企业的经营，促使企业扭亏为赢，稳定股权价值。这也正符合“以管资本为主”的相关精神。不过由于铁路行业的特殊性，铁路产权

（股权）流转必须符合以下条件。

1. 企业经济体制

中铁总进行产权改革时，企业体制需是混合所有经济体制，或者企业正在进行混合所有制改造。因为当国有企业属于混合所有经济体制的时候，企业的产权才是开放的，产权才允许自由流通。

所谓混合所有制经济是指微观层次、企业层次的一种所有制。所有制有两种，即一是单一的基本的所有制，如国家所有制、个人所有制等；二是混合型所有制。它是指两种或两种以上的单一所有制结合而成的所有制形式。例如股份制企业、合作制企业、中外合资合作企业等。党的十五大报告和党的十六大报告中讲到混合所有制时，都指的是股份制，但混合所有制并不仅仅只是股份制。

2. 国家实际控制企业的要求

国企产权改革时，由于国有资本占企业总资本的比例不同，国有企业可分为国有绝对控股企业和国有相对控股企业。国有绝对控股企业是指国家资本比例大于50%（含50%）的企业，包含未经改制的国有企业。国有相对控股企业是指国家资本比例不足50%，但相对高于企业中的其他经济成分所占比例的企业（相对控股），或者虽不大于其他经济成份，但根据协议规定，由国家拥有实际控制权的企业（协议控制）。

但是铁路运输在经济社会发展中具有特殊重要的地位和作用，它不仅是国民经济发展的大动脉，而且兼具安全、经济、便民、实惠、全天候运输，而且速度快、运能大、安全舒适、节能省地、减排高效等特点。这些特点，决定了它是大众化的交通工具；也决定了其在我国综合交通体系中的骨干地位，对经济社会发展产生重大作用和深远影响。因此，国家需要对铁路拥有绝对的控制权，即国家资本比例必须大于50%（含50%），然后将剩余股权进行流转，并达到偿还铁路负债的目的。

3. 铁路资产转让原则

根据《中华人民共和国企业国有资产法》第五节国有资产转让规定，国有资产转让应当有利于国有经济布局和结构的战略性调整，防止国有资产损失，不得损害交易各方的合法权益。

国有资产转让过程应当遵循等价有偿和公开、公平、公正的原则。除按照国家规定可以直接协议转让的以外，国有资产转让应当在依法设立的产权交易场所公开进行。转让方应当如实披露有关信息，征集受让方；征集产生的受让方为两个以上的，转让应当采用公开竞价的交易方式。

6.6 本章小结

本章主要介绍了基于债务免除、转增资本金、债转股以及产权（股权）流转四种方式的铁路债务处置实施路径与实施条件。

作者认为，铁路债务巨大，上述任何一种债务处理方式都不能完全处理铁路债务问题。需结合四种债务处置方式的特点逐步化解铁路债务风险。

作者建议，债务处置可以随着铁路体制改革的步伐逐步完成。首先，在全民所有制企业时，铁路可以通过债务免除和转增资本金处理债务；改制后成为国有独资公司，中铁总可通过债转股形式处理债务；通过混合所有制改革后，铁路成为混合所有制企业，此时铁路产权（股权）具有流动性，因此可以通过产权（股权）流转处理企业债务（由于铁路行业的特殊性质，国家必须掌握绝对控股权，即拥有50%以上的股权）。

必须指出，国家对于中铁总体制改革思路未有详细明确的文件下达，所以本章债务处置思路中借鉴了以往发行的政府文件和政策，虽在适用范围与适用时间上存在偏差，但铁路债务处置实施途径与实施条件充分考虑了中国铁路形势，具有充分的实践意义。

第七章 铁路债务处置的保障机制

我国铁路改革需要处理错综复杂的关系，是一个漫长的过程，为了保证产权（股权）的顺利流转，避免国有资产流失，应该从组织保障、法律保障、政策保障、人才保障、社会舆论保障五个层面形成长效的保障机制。

7.1 组织保障

铁路债务超过4万亿元，是否能够妥善处置该部分负债已不再是铁路部门自己的事儿。并且铁路体制改革意义重大，政策性强，难度不小，需由中央高层强力领导。建议国务院领导牵头，成立国务院铁路改革领导小组，负责铁路改革方案的制定。

政府部门参与铁路债务处置整个流程十分必要，尤其是债转股与产权（股权）流转这两个阶段。

在组织方面，国务院需要牵头组织对铁路企业的评审工作，由财政部新设铁路债务处置委员会会同有关部门制定企业债权转股权的方案以及参与企业签订债权转股权协议等相关工作。过程不会一帆风顺，因此国务院需要协调参与方（主要为三方：当地政府、股权购买方以及铁路企业）的相关利益问题。

铁路债务处置委员会可成立铁路债务处置领导小组。小组成员可来自发展改革委、国资委、交通运输部、国家铁路局、财政部、铁路总公司等，并组建国务院铁路改革专家咨询委员会，专家委员会成员主要来自于国家级政策研究智库、部委科研机构、高等院校、企业和专家学者等[①]。铁路债务处置领导小组代表政府与铁总，专家咨询委员会代表学术界与权威专家，两者优势互补，相互协作，砥砺前行，必定会事半功倍。

7.2　法律保障

中铁总通过债转股、产权（股权）流转等手段有效利用了资本市场的资金，但是相应地付出了一定的产权（股权）。然而作为国家经济大动脉的铁路与我国经济息息相关，甚至在我国安全领域都起着至关重要的作用，所以，国家对中铁总必须拥有绝对的控制权，因此，从法律层面厘清国有资本、外资以及社会资本具有重要的意义。这也是防止国有资产流失的必要手段。

当然对国有资产保护的同时，法律也必须体现各市场主体平等准入、公平无歧视原则。从国家层面则希望铁路企业继续承担相应的公益性运输，但是对于追逐利益的社会资本和外资，则希望充分展现铁路的自身优势，抢占市场份额，获得足够的利润。因此，基于公平角度，从法律层面应允许适当放宽铁路运输价格限制的条款。例如在竞争领域允许市场自由定价，仅对存在自然垄断环节和特殊类别运输服务实行政府指导价格。

7.2.1　法律基本原则

无论产权（股权）如何流转，参与方都会涉及资产管理公司、国有商业银行、铁路部门等。而在这三方里，资产管理公司对铁路体制改革以及债务的最终转移扮演者至关重要的角色。如资产管理公司如何接管铁路巨额负

① 魏际刚："新时期深化铁路体制改革思路研究"，《发展研究》，2016（03）：4-7。

债，接管负债数额的大小以及如何科学处理接管的铁路债务等都影响着铁路部门的债务处置质量。铁路部门若要解决债务问题，那么针对铁路债务处置的相关法律规章需要进一步完善。作者借鉴《中共中央、国务院关于深化国有企业改革的指导意见》，提出以下几个法律原则。

①坚持和完善基本经济制度。这是深化国有企业改革必须把握的根本要求。必须毫不动摇巩固和发展公有制经济，毫不动摇鼓励、支持、引导非公有制经济发展。坚持公有制主体地位，发挥国有经济主导作用，积极促进国有资本、集体资本、非公有资本等交叉持股、相互融合，推动各种所有制资本取长补短、相互促进、共同发展。

②坚持社会主义市场经济改革方向。这是深化国有企业改革必须遵循的基本规律。国有企业改革要遵循市场经济规律和企业发展规律，坚持政企分开、政资分开、所有权与经营权分离，坚持权利、义务、责任相统一，坚持激励机制和约束机制相结合，促使国有企业真正成为依法自主经营、自负盈亏、自担风险、自我约束、自我发展的独立市场主体。社会主义市场经济条件下的国有企业，要成为自觉履行社会责任的表率。

③坚持增强活力和强化监管相结合。这是深化国有企业改革必须把握的重要关系。增强活力是搞好国有企业的本质要求，加强监管是搞好国有企业的重要保障，要切实做到两者的有机统一。继续推进简政放权，依法落实企业法人财产权和经营自主权，进一步激发企业活力、创造力和市场竞争力。进一步完善国有企业监管制度，切实防止国有资产流失，确保国有资产保值增值。

④坚持党对国有企业的领导。这是深化国有企业改革必须坚守的政治方向、政治原则。要贯彻全面从严治党方针，充分发挥企业党组织政治核心作用，加强企业领导班子建设，创新基层党建工作，深入开展党风廉政建设，坚持全心全意依靠工人阶级，维护职工合法权益，为国有企业改革发展提供坚强有力的政治保证、组织保证和人才支撑。

⑤坚持积极稳妥统筹推进。这是深化国有企业改革必须采用的科学方

法。要正确处理推进改革和坚持法治的关系，正确处理改革、发展、稳定的关系，正确处理搞好顶层设计和尊重基层首创精神的关系，突出问题导向，坚持分类推进，把握好改革的次序、节奏、力度，确保改革扎实推进、务求实效。

这些原则的遵循是国有企业深化改革的关键，因此它应贯穿铁路债务改革的全部。

7.2.2　法律基本目的

根据依法治企原则，国资监管部门需要修订已有的法规制度，适应混合所有制企业监管的需要，完善产权保护制度，防止国有资产流失，而铁路企业自身也需要依照法定权限和程序，根据行业特点和实际情况，确立企业管理规范和经营规章，并保证企业规章的适法性。新时期下建立和完善铁路产权（股权）流转的债务处理方式，首先需要建立健全法律保障机制，加快推进铁路改革配套法律立法进程，加快制定铁路产权（股权）流转的法律法规，逐步解决产权（股权）流转中缺乏法律保障的问题，着力形成有效保护铁路产权（股权）流转的法律法规框架。最终为铁路改革保驾护航。

7.3　政策保障

从目前来看，中国铁路总公司没有完全自主定价的权利。长期以来国家把铁路运输定性为公益性运输，通常以较低的运价服务于社会，因此，中铁总盈利水平总体偏低，导致企业较难支付高昂的融资费用。基于中铁总具有一定的公益性，国家需制定相应的政策保障，以保证铁路总公司继续运营的要求。下面就以补贴政策与税收优惠政策两方面阐述。

7.3.1 给予相应的补贴

国有企业亏损补贴又称国有企业计划亏损补贴，是财政收入的一部分，主要是指国家为了使国有企业能够按照国家计划生产、经营一些社会需要的产品，在企业经营管理或者国家政策影响而出现亏损时，向这些企业拨付的财政补贴。

铁路公益性运输服务对国民经济发展、国土开发和社会进步有特殊意义，具体表现为：铁路公益性运输服务体现在对社会责任的承担上，为国民提供普遍的运输服务。首先，铁路公益性运输服务服务对象非常广泛，为服务对象位移需求提供服务。另外，承担为弱势群体提供保障和支持的责任，在制定价格时考虑绝大多数人的承受能力，以优惠票价照顾弱势群体，体现了铁路公益性运输服务的公平性。具有为解决突发事件而需要短期限内提供大量人员和物资装备的运输能力，为军事和国防提供交通保障。节约能源，节约土地，有利于环境保护，为实现可持续发展创造条件等。综合来说，铁路公益性运输服务使国家或地方整体获得利益而企业自身却没有获得相应补偿，其公益性内容包括公益性运输服务的正外部性以及由于非市场因素造成的不能获得相应补偿的内在效益。

因此，铁路的公益性服务需要中央政府以及地方政府给予更多的财政补贴以及其他形式的资助。

7.3.2 给予税收优惠

①根据国函〔2013〕47号文件第九条：中国铁路总公司组建后，继续享有国家对原铁道部的税收优惠政策，国务院及有关部门、地方政府对铁路实行的原有优惠政策继续执行，继续明确铁路建设债券为政府支持债券。对企

业设立和重组改制过程中涉及的各项税费政策，按国家规定执行，不增加铁路改革成本。

②针对运输企业采取相互付费收支免征增值税措施。鉴于铁路融资主体日趋多元化，势必会导致相异的资本主体所投资的企业之间因为相互占用铁路资源进而产生相互付费收支现象。据营业税暂行条例规定，联运业务可扣除其支付给其他单位或者个人的运输费用后的余额作为营业额，然而相互收支费用不算在联运业务内，这必将导致重复征税的状况，进而加大了铁路运输企业的总税额。

③针对高新技术铁路装备制造企业实行减免企业所得税措施。国家政府需要对于那些采用高新技术的公司重点照顾，大力扶持这些生产设计用在时速200公里及以上铁路装备的公司，实施相关政策降低或者免去其税务。

④加大铁路投资项目的税收抵免范围。国务院批准颁布的《安全生产专用设备企业所得税优惠目录（2008年版）》中明确提到可以将铁路购买的安全生产专用设备作为税收抵免，但是鉴于较少的优惠项目，促使铁路交运企业没有从其中获得到实实在在的利益。因为铁路行业涉及面较广，对于铁路建设的投资以及所应用的技术，都与环境保护、安全生产以及节约能源等相关联。所以，完全能够试实行扩大铁路投资项目的税收抵免政策，进而大力吸引社会资本投入，加快铁路的建设速度。

⑤对铁路新线试营运期间免除营业税及企业所得税。针对那些新线路在最初的临管运营取得的收入，按照国家对青藏铁路公司的规定免除各种税。

⑥设置铁路建设项目相关用地优惠方案。由于铁路建设项目属于大规模工程，无论从哪种方面考虑都需求较大，其中建设过程中涉及的用地是核心因素，急需国家推出相关的用地优惠方案。其一，在全国各等级区域的土地规划中将铁路建设所用土地纳入到相关建设预期准备中；其二，学习国外在顺应铁路快速发展阶段实施的优惠政策，开放给铁路部门必要的土地开发权，进而增强铁路的带动能力以及自身发展。

7.4 人才保障

目前，我国铁路发展瓶颈主要是铁路盈利水平不能满足快速建设高速铁路对巨额资金的需求。因此国务院会同财政部等有关部门在解决了铁路债务之后，企业的可持续健康运营就成为主要发展瓶颈，否则企业很可能再次陷入严重的债务危机，导致国有资产贬值流失。

可见铁路债务处置并不是简单的账面数据更新，最终目的是提升企业生产效益，提高市场竞争力。而人才是保证企业可持续健康运营，提升竞争能力的关键因素之一。特别是引进具有现代管理经验的管理层，他们可以为铁路企业体制改革把握方向，提供先进的管理技术，完善资本结构的管理，最终带领铁路企业走出负债的阴影。

7.4.1 铁路专业技术人才队伍基本状况

专业技术人才是指有专业技术职称且从事专业技术工作的人员，包括纯专业技术人员和同时从事专业技术管理工作的人员（即“双肩挑”人员）。铁路专业技术人才主要包括工程技术、科学研究、卫生技术、教学、经济和会计等人员[①]。

2013年底，国家铁路专业技术人才总数达20余万人，占全路从业人员总量的9.9%。其中，“双肩挑”人员52.0%，专职人员48.0%；高级职称9.1%，中级职称34.0%，初级职称56.9%。通过对2010～2013年国家铁路专业技术人才状况的调查统计和研究分析，我们判断目前铁路专业技术人才队伍存在的主要问题如下。

① 铁道党校课题组，林森、石云鸣：“加强专业技术人才队伍建设为铁路改革发展提供人才保障”，《理论学习与探索》，2014（06）：54-57。

1. 专业技术人才职称结构不合理

《铁道人才发展中长期规划（2011～2020年）》（铁党发[2012]3号）提出："到2020年，高、中、初级专业技术人才比例应达到1∶4∶5"。时年三者比例为1∶4.3∶7.0。2012年和2013年，三者比例分别达到1∶4.0∶6.5和1∶3.7∶6.2，中级职称人才比例下降太快，三类人才的数量没有向《规划》要求的合理结构方向发展，不利于专业技术人才队伍整体结构的优化。

2. 经济和财会类专业人才比例下降

2011～2013年，经济和财会类专业人才比例呈现下滑趋势，在全路专业技术人才中的占比分别为8.04%、8.02%、7.99%和12.89%、12.31%、11.64%，不利于铁路转型发展对相关专业人才的需要。

3. 专业技术人才在铁路局内部和铁路局之间存在发展不平衡

一是总量发展上的不平衡。2013年底，铁路局专业技术人才在全路专业技术人才总量中占比最高的局达到9.84%，最低的只有1.35%，二者相差8.49个百分点。

二是高级职称人才发展的不平衡。2013年底，铁路局高级职称人才在其专业技术人才总量中的占比最高达到12.02%，最低的局只有3.96%，二者相差9.06个百分点。

三是高学历人才发展的不平衡。2013年底，铁路局本科以上学历人才在其专业技术人才总量中的占比最高达到64.96%，最低的局只有45.69%，二者相差19.27个百分点。

四是各类专业人才发展的不平衡。2013年底，铁路局工程技术专业人才在其专业技术人才总量中的占比最高达到83.54%，最低的只有66.89%，二者相差16.65个百分点。同期，铁路局经济专业人员在其专业技术人才总量中的占比最高达到14.07%，最低的局只有3.44%，二者相差10.63个百分点。同期，铁路局财会和统计类专业人员在其专业技术人才总量中的占比最高达到15.12%，最低的局只有10.55%，二者相差4.57个百分点。

7.4.2 加强铁路专业技术人才队伍建设的目标与对策建议

当前铁路专业技术人才队伍建设的目标应该是：健全铁路专业技术人才队伍建设机制，围绕铁路市场化、现代化和国际化发展的需要，努力培养一支与铁路发展战略相适应的数量充足、专业齐全、结构科学、分布合理、技术过硬的职业化专业技术人才队伍。建设的具体建议如下①。

1. 重视人才规划工作，提升人才规划的预见性和针对性

现代人力资源管理理论认为，人力资源规划是企业发展战略的重要组成部分，并为实现企业的战略目标奠定了人才基础。企业应根据发展战略调整的要求，及时、科学、准确地分析和预测变化环境中人力资源的供需情况，调整和制定必要的人才规划政策与措施，确保在需要的时间和需要的岗位上获得各种需要的人才。改制之后，总公司发展战略进行了重大调整，原有的人才发展规划对原体制下铁路现代化发展所需专业技术人才要求考虑较多，但对改制后铁路现代化和市场化发展对专业技术人才的新需求考虑较少，尤其对铁路国际化发展的人才队伍建设问题几乎没有涉及。

这样的人才发展规划已不适应新形势、新战略对人才队伍建设提出的新要求，总公司和铁路局必须尽快谋划适应新要求的人才发展规划，尤其要注意提升人才规划的预见性和针对性，制订专业技术人才补充规划和相应的培训、培养计划，为铁路发展提前储备好数量充足、专业齐全、技术过硬的专业技术人才。

---

① 铁道党校课题组，林森、石云鸣："加强专业技术人才队伍建设为铁路改革发展提供人才保障"，《理论学习与探索》，2014（06）：54-57。

2. 拓宽人才引进思路全方位物色所需人才

近年来，随着专业技术人才供需矛盾的逐步显现，以前常规的、主要通过高校，尤其是铁路相关专业高校招聘人才的渠道已不能满足发展需要，一些铁路局开始尝试拓宽人才引进渠道，从社会直接招聘急需的紧缺人才。

但经过问卷调查了解到，通过此类渠道引入的人才数量极其有限，只有12.1%的调查对象所在单位尝试过，引入的也基本局限于高层次和紧缺专业人才，甚至还有25.3%的调查对象回答本单位不会考虑从外部引进人才。人力资源管理理论认为，在专业技术人才的各种来源渠道中，最有效的渠道是向社会公开招聘，其次是内部晋升和校园招聘。考虑到目前铁路转型发展期增添的大量非铁路主专业岗位，总公司和铁路局应该转变传统思维，拓宽人才引进思路，完善人才引进机制，加快探索通过社会招聘方式大量引进此类人才的渠道和手段，尤其是非铁路主专业领域能力经验成熟的人才，以满足铁路市场化、国际化发展对职业化专业技术人才的旺盛需求。

3. 加强培训体系建设，提高人才培训的针对性和有效性

铁路企业近年来高速发展的一个重要因素是得益于全路上下对培训工作的高度重视。铁路进入转型发展期，对专业技术人才的专业素质和创新能力提出了更多、更高、更复杂的要求，这对全路从总公司到铁路局培训体系的建设提出了前所未有的新挑战。培训内容针对性不强、培训内容老化和培训形式单一、没有建立科学的培训效果监督、跟踪和评价制度是课题组调研发现现有专业技术人才培训体系存在的三类主要问题。现代人力资源管理理论和成功企业的经验针对这些问题有两个方面的解决方案。一方面，可以通过紧盯新项目、新人员和新技术，或者紧盯问题项目、问题人员和问题技术的聚焦方法，同时从组织、任务和人员三个层面上开展立体式的培训需求分析，为新的或者存在问题的项目、人员和技术制定定制化的培训内容，提高培训的针对性；另一方面，可以通过从受训者的反应、学习、行为和结果四

个角度全方位、全过程开展培训评估，以此来评价受训者对具体培训项目的意见、对培训内容的学习掌握程度、培训对受训者工作行为的影响程度和企业因开展培训而产生的改变等情况。并在这些评价的基础上改进后续培训工作，提高培训的持续有效性。

4. 加大平台建设力度，提升人才成长速度，成就人才职业发展追求

人力资源管理工作涉及多个环节，而有效的“育人”环节正越来越成为企业助推人才成长、人才促进企业发展的重要因素。现代人力资源管理理论认为，企业“育人”不仅仅只有培训一条路径，尤其对于高科技服务型企业，给专业技术人才搭建成长平台，鼓励人才在团队中进行学习和创新，并主动与其他成员分享创新成果，是激发和提升此类企业专业技术人才业务能力和创造能力的重要途径。铁路局应该加大投资力度，通过加快建设三类人才成长平台，助推人才健康快速成长，为专业技术人才找到宽广的职业发展前景。

一是构建知识共享平台。知识在专业技术人才成长过程中发挥着重要作用，知识共享能有效提升知识发挥的价值。知识共享应不仅局限于专业技术人才之间，也应包括和其他类型人才之间的共享。

二是构建能力提升平台。比如组建专家工作室、科研基地、重点实验室或者开展重要科研课题项目等，为专业技术人才提供能力发挥和创造力提升的机会与环境。

三是构建职业发展规划平台。为专业技术人员设计与其专业及能力相符合的职业发展规划，并与其自身的职业追求和企业的发展目标对接，增加人才的职业忠诚度和职业归属感。

5. 创新人才管理机制，为人才成长提供制度保障

绩效考评和薪酬分配是企业内部两个紧密相关的激励制度，也是人力资源管理的核心工作。合理有效的薪酬制度是企业吸引、留住和激励人才

的必要条件，而客观公正的绩效考评结果是企业进行薪酬分配的重要基础。课题组通过问卷调查发现，有超过半数的“双肩挑”人员认为自己薪酬水平“偏低”和“非常低”。解决当前铁路专业技术人才薪酬满意度低、工作积极性下降的问题，关键是要遵循科学规律和市场规律，创新人才管理机制。首先，应根据不同专业领域的工作特点，建立健全针对不同系列、职务和岗位要求的差异化的专业技术人才考评标准和以业绩为核心的考评办法，为建立合理有效的薪酬制度打下良好基础。其次，可通过引入竞争机制，建立动态岗位管理制度。解聘或降职降级考核不合格者，打破专业技术人才职称终身制，实现职称职务均能上能下。最后，在有效的绩效考评和动态岗位管理制度基础上，依据薪酬管理的公平性和竞争性原则，不仅保证各类专业技术人才薪酬在企业内部的公平性，更重要的是，还要保证其薪酬和外部劳动力市场相比的竞争性，建立起由市场起决定性作用的薪酬激励制度。

6. 进一步理顺总公司和铁路局在人才管理工作中的关系，提高人才管理效能

随着铁路改革的逐步深化，如何按照实现企业化、市场化运作的要求，科学界定总公司和铁路局在人才管理工作中的职责定位，规范各自的人才管理行为，已成为提高铁路企业人才管理效能、增强铁路企业发展活力必须解决的重要问题。课题组认为，理顺人才管理工作中总公司和铁路局关系的基本原则应该是：明确职能定位，创新管理方式，发挥各自作用。总公司作为管理型企业，依法对铁路局实行统一管理，应该通过完善顶层管理制度建设，加强对人才队伍建设的战略性管理，突出规划引导作用，清晰全路人才队伍建设的思路和目标。铁路局作为生产经营性市场主体，应承担人才队伍建设的主体责任，通过深化内部改革，健全和创新人才管理体系和机制，使人才队伍更好地适应走向市场和应对市场风险的需要。

7.5 社会舆论保障

社会舆论是指一定群体内相当数量的成员对社会事物所发表的某种倾向性的议论。社会舆论的精神内核是群体意识，其本质是“社会公众对社会某些事件、现象或人们行为的社会舆论和态度”。舆论是大众社会里一种普遍存在的社会心理现象，具有较明显的从众效应，因此政府与各大权威媒体需正确引导社会舆论，防止别有用心之人利用舆论误导公众。

7.5.1 正确认识铁路债务处置

历史上国有企业改革并不是一帆风顺的，但是我国改革开放以来获得的巨大成就却有目共睹，因此我国用实践证明“以改革促发展”是正确的选择。只有让公众深入了解改革的重要性与价值，我国铁路债务处置手段才能更为开放，更为多元化，企业改革才敢于创新，敢于挑战，最终的改革成果也将回馈社会。

铁路债务处置过程中引进社会资本和外资，容易给公众带来搞“私有化”的错觉。不过国家拥有铁路50%以上的股权，拥有对企业的绝对控制权，因此从国家利益出发，铁路企业不会侵害社会公众利益实现自身利益的最大化。因此，在社会舆论方面，政府引导各大权威媒体对铁路债务处置给予积极的评价，说明铁路债务问题并不单单是企业经营不善，还有铁路承担公益性运输以及建设公益性线路等，再详细说明铁路债务处置的意义，最终形成良好的铁路债务处置环境。

当然各铁路局也需建立起舆情信息中心，以应对和处置互联网铁路舆情信息，把与铁路各方相关的舆论、铁路行业的政策法规、铁路行业的热点事件实时监测、收集整理、研究分析、应对处置和网上宣传等工作。铁路局下属单位等都成立相应的工作机构，积极开展网络铁路舆情的应对和处置工作。

最后，铁路债务处置方式必须公开透明，在祈求社会给予铁路充分理解的同时，接受社会的广泛监督。这样有助于增强社会公众主人翁意识，增加对企业改革的信心与理解。在形成一定的互信基础后，若出现突发事件，也不至于社会舆论迅速背离铁总预想，并且政府与铁路部门也会有较大的应对和处理空间。

因此下文从政府与铁路两个层面入手，阐述对于突发事件舆情的处理建议。

7.5.2　政府层面的舆情应对建议

政府是舆论应对的主导力量，舆情的流动与兴衰和政府的处置方式息息相关。本书主要讲述铁路债务处置，此处的舆情主要是指铁路债务处置相关的舆论发展情况，特别是债务处置过程中出现的重大突发事件。

1. 建立舆情专题数据库：科学应对舆情

属地管理的原则已经被现代的高速传播的网络所打破。面对网络舆情危机，建立政府主导的公共信息资源库，能对政府信息化的进程进行完善。

2. 构建疏导平台：加强信息透明

除了建设信息资源库，也需要在资源库的平台之上做电子政务、电子政府等的尝试，打造一条主要的官方渠道，让公众在上面能够查询到需要的政务相关信息。

政府官方网站是公众与政府部门之间进行沟通的重要桥梁，也是政府部门面向公众的门面工程，同时也要注重官网中沟通功能的完善和使用，构建网络论坛。舆论产生和存在的前提是传播互动的沟通过程，不去参与网络论坛，政府部门则会在网络论坛之中遭受“失语”的困境。

“领导留言板”也是目前最常见的模式之一，“留言板”的设置在于创建开放与公众讨论的窗口，让网友在上面留一言发声，而且允许匿名。针对网友的声音，政府可以安排相关的工作人员进行解答。在突发事件来临之时，信息发布与交流平台就会起到应有的作用，随时解答公众的疑问，也可以随时对网络舆情进行把控，针对该时段的民众态度做出相应的决策。这样就能赢得公众的信任，能有效地吸引将公众的视线到政府能操作能力的范畴之内，在此基础上建立起高效沟通的氛围，从而形成良性的舆论影响力，在时机成熟时有机会成为意见领袖。

此外，政府需要重视官方微博的重要性。政府在微博平台上能把政务信息及时公布，这样就能与民众更多更直接更快地沟通，尤其是在突发事件出现的时候，地方可以在其官微发表一些相应的观点，这样既能引导舆论走向，公开相关信息也更能够让民众满意，长此以往也能借微博来获得民众的支持，改善长期形成的刻板印象，由此获得的粉丝也能提升官微的影响力。影响力的提升也是为之后的突发事件发生做相应的准备。在平时，政府与官员也可以长期与民众互动，除了及时地公布相关政务信息，此外还能及时了解民众的看法与想法，为政府的相应决策提供有益的参考。

3. 重视媒介联动：多角度强化信息传播

舆论氛围的构建离不开传统媒体阵地，传统媒体的影响力依旧十分巨大，不可忽视。要引导主流媒体在事实的基础上对危机中的要素进行公正的评判以及做出正能量的报道，这样网络舆论的引导才有保障。

除了与传统媒体进行协同运作，更重要的是不能忽视新媒体的力量，要尝试形成与新媒体的长期的合作关系。尤其需要在与网络新媒体的合作交流中形成一套长期的合作模式，在实践工作中不断地累积经验。运用新媒体实时发布信息的特点，主管部门要尝试获取网络中的信息主动地位。通过新媒体，通过人民喜闻乐见的方式来开展与网民实时的或者非实时的互动，这样对舆论引导也会起到相应的作用。

作为政府公共关系的主要途径之一，新闻发布会这种传统的发布方式通过网络来进行已经变得非常普遍。随着技术的进步，手机已经能及时收看新闻发布会，这也是网络舆情危机的现代媒体的应用方式之一。

网络中的意识形态的改变可能是网络舆情危机的一种，但是其影响的范围远远不止如此，到现实中，这些意识改变又会衍射到事态变得更为严重，而这些事态往往是社会矛盾的累积反应。不管是虚拟世界还是现实生活，所有手段的终极的目标都是给网络舆论一个正确的运行路线，尽可能地减少损耗，从而消除风险①。两个战场是网络舆情应对过程之中必须面对的，要同时开展虚拟与现实的事务，两者相辅相成，共同促进。对真相要查明，这才好组织网上的讨论，对舆论领袖的作用要加以重视，这样就能构建一个良性的交互圈。

通过以上的各种方式，通过这种多渠道与多种形式的结合，事实的真相能让人们及时地获取到，这样才能为深入开展政府公关管理提供有利的条件。

7.5.3 铁路企业层面的舆情应对建议

由于铁路企业没有大规模处置债务的经验，因此在处理债务的过程中往往会发生始料未及的突发事件。所以除了政府方面需时刻掌握舆情发展情况外，作为铁路舆情的爆发点，铁路企业对舆情的处理也起着至关重要的作用。本文提出以下建议。

1. 控制舆情走势：把握准确的处置时机

突发事件舆情处置时机往往稍纵即逝，一旦不能及时正确把握，轻则会使舆情应对陷入被动，重则会产生不良社会反应，影响企业形象。突发事

---

① 汪可："大数据路径下铁路突发事件舆情研究"，华中师范大学，2015。

件对外信息发布必须要在坚持“赶快说、说真话”原则的基础上，善于捕捉不同阶段的信息发布时机，掌握舆论主动权。一般突发事件对外信息发布可分阶段实施。第一阶段为信息缺失期。该阶段公众媒体需要在第一时间了解事件情况，信息要突出“快”字，要在正确研判、统一归口的基础上及时发布，此时的信息宜粗不宜细。第二阶段为信息暴发期。通过前一轮报道，部分媒体报道重点将会转向事件发生的原因和产生的后续影响上，而恰恰此时的信息最多，真的、假的，官方的、小道的，鱼龙混杂，该阶段信息发布要讲究“准”字，要用正确的、正面的信息占领舆论阵地。第三阶段为信息平稳期。经过前两轮的信息发布，突发事件将进入一个信息平稳期，此时对外信息发布要注重“导”字，就是要利用媒体说出铁路企业想说的话，从而达到引导舆论、控制影响、变“危”为“机”的目的。

2. 占领舆情高点：主动引导舆论

随着网络媒体迅猛发展，网络容量正在无限扩展，影响力也在不断扩大。网站的联动效应和链接效应可以在极短的时间内实现最大范围的传播，任何一条新闻线索或报道，经过有影响的网站转载后，都可能会在很短的时间内成为全国性的乃至世界性的新闻。因此，突发事件发生后，如何用正确的舆论占领互联网这个阵地，加强网上舆论引导，对铁路企业来说是一个全新而紧迫的课题。加强网上舆论引导，首先要坚持早发现、早处置。要组织力量进行网上24小时全程监控，及时发现不良信息。其次要建立一支以专家、学者为主要力量的网评队伍。与铁路学者、专家保持密切联系，针对不同时期铁路重大事件、敏感话题、社会焦点，适时组织专家、学者进行网上评论，从专业角度进行解读和分析，以理服人。第三要加强网上正面宣传，主动占领网上舆论。要充分利用网络媒体传播快、不受时间和篇幅限制的特点，大量提供铁路新闻资源，通过邀请网站参加新闻通气会进行网上直播、制作专题网页、组织重点题材网谈等方式，加强网络媒体的正面宣传。

7.6　本章小节

本章主要内容为研究铁路债务处置的保障机制，主要包括组织保障、法律保障、政策保障、人才保障以及社会舆论保障五个方面。

作者认为上述五个保障可为铁路部门科学合理处置负债保驾护航。从组织层面统筹规划，协调铁路相关各方利益；从法律层面防止国有资产流失并提供公平公正的市场环境；从政策方面给予铁路部门大量的财力物力上的支持；从人才层面保障铁路部门可持续健康发展；最后从社会舆论层面保障铁路债务处置顺利进行，并接受社会公众监督。

最后，作者建议由国务院牵头组建铁路债务处置专家小组，并赋予适当的权力，从五大保障机制入手为铁路债务处置提供良好的运作环境。

第八章
结论与展望

8.1 本书主要结论

国有企业是国有经济的主要实现形式之一。国有企业是指资本全部或主要由国家投入并为国有企业所有，绝大多数已经成为市场中独立经营的法人主体，以保值增值和盈利为主要目标，在需要时服从国家意志，依法设立的从事生产经营活动的组织[①]。

中国铁路总公司作为我国大型国有企业代表，其改革步伐已经落后于电力、银行等其他国有企业。而国有企业普遍存在的债务问题，铁路行业尤为严重，截至2016年底债务规模已达到4.72万亿元。

本书对于铁路债务处置进行研究，认为中国铁路不合理的债务中，有相当一部分是非正常负债。非正常负债又分为两类，一类是铁路的财政性负债，一类是过度负债。其中财政性负债是由于价格管制带来的政策性亏损、铁路承担了太多的社会福利负担和企业经营不善出现亏损、项目决策失误和宏观政策变化等三方面因素形成的；过度负债形成原因在于，体制问题以及传统观念导致一些没有还款能力的铁路建设项目可以得到贷款，此外我国铁路企业的折旧率过低，折旧资金又不能全部留给铁路企业使用，当铁路企业设备需要更新时，又只能靠贷款改造，结果是过度负债，旧债无还，新债又加，形成恶性循环。

① 陈鸿：《国有经济布局》，中国经济出版社2012年版，第101～105页。

2005年以来我国铁路建设规模和债务规模急剧扩大，导致铁路债务规模及其增速都已到了非常严重的程度。在债务偿还方面，中铁总公司流动负债压力过大以至于拖欠应付款，导致大批施工企业、供货与制造企业现金流出现问题，甚至引发民工欠薪等社会稳定问题；而且铁路未来长期大幅度的运营亏损不容乐观，待到大批客运专线建成运营，其长期的巨额亏损将更加无法承受，因此铁路在债务偿还方面面临极大挑战。目前我国铁路行业已经深深陷入严重的债务困境之中①。

在债务处置的研究上，首先需要明确铁路债务主体，要理顺铁路的产权关系并进行产权重组。处置铁路债务的方法包括国家财政核销、债务交由托管机构解决以及进行债务转股本等相关产权（股权）流转问题。

作者认为涉及的政府部门主要有国务院、国资委以及财政部。

建议国务院牵头组织对铁路企业的评审工作并协调多方利益，由财政部新设铁路债务处置委员会会同有关部门制定企业债权转股权的方案以及参与企业签订债权转股权协议等相关工作。国资委需对国有铁路资产的保值增值进行监督，加强国有资产的管理工作；在产权（股权）流转过程中推进铁总的现代企业制度建设，完善公司治理结构；最终促进国有企业改革和重组。

本书从债务免除、转增资本金、债转股以及产权（股权）流转四个角度分别阐述铁路部门债务处置的相关思路，认为铁路部门若要进行现代企业制改造，债务处理是关键。只有解决4万亿铁路债务，中铁总才有可能扭亏为盈，提高生产效益和市场竞争力。

① 朱益东：“基于中国铁路债务可持续性的铁路债券融资研究”，北京交通大学，2014。

8.2 未来研究展望

铁路运输在经济社会发展中具有特殊重要的地位和作用，它不仅是国民经济发展的大动脉，而且兼具安全、经济、便民、实惠、全天候运输、速度快、运能大、舒适、节能省地、减排高效等特点。这些特点，决定了它是大众化的交通工具，也决定了其在我国综合交通体系中的骨干地位，对经济社会发展产生重大作用和深远影响。所以铁路改革至关重要，其成功与否直接影响着中国经济的健康发展。

正因为铁路改革地位特殊，作者倍感责任重大，因此反复斟酌之后认为本书仍有以下四个方面有待深入研究：

第一，不同行业根据现有发展状况对企业体制改革操作流程存在一定的差异，本文提出铁路体制改革会从全民所有制企业过渡到国有独资公司最终成为混合所有制企业。但是实际情况可能会实现跳跃式发展，所谓后发先至。那么，文中提出的分阶段运用不同的债务处置手段则需要发生相应的变化。

第二，铁路债务数量之大，不是一朝一夕就能解决的，文中提出的四种方式都是有效的手段，但是作者没有做定量分析。例如四种有效手段处理各自处理多少债务并没有涉及。

第三，铁路债务来源广泛，情况复杂，未来的研究中需根据债务不同性质或不同债权人，分类处理铁路债务。

第四，在铁路债务处置过程中，国资委能够而且应该发挥更加重要的作用。但是，从国函[2013]47号文来看，中铁总出资人代表为财政部，并被赋予了会同有关部门提出铁路债务处置方案的职责，而国资委与中铁总并无直接关系。如何协同发挥财政部、国资委等国家有关部门在处置铁路债务的作用，是值得深入探讨的问题之一。

参考文献

[1] 陈鸿. 国有经济布局[M]. 北京：中国经济出版社，2012

[2] 陈很荣，范晓虎，吴冲锋. 西方现代企业融资理论述评[J]. 财经问题研究，2000（08）

[3] 陈洁. 我国现阶段债权转股权的法律环境分析[J]. 当代法学，2000（03）

[4] 陈耀武. 我国金融资产管理公司债转股法律问题思考[D]. 开封：河南大学，2007.

[5] 戴小平. 商业银行学 [M]. 上海：复旦大学出版社，2008

[6] 国务院. 国务院关于组建中国铁路总公司有关问题的批复[J]. 中华人民共和国国务院公告，2013（9）

[7] 郭锋. 中国股份制商业银行的公司治理——以中国建设银行为例[C]//北京论坛（2007）文明的和谐与共同繁荣——人类文明的多元发展模式："全球化趋势中跨国发展战略与企业. 中国北京，2007

[8] 黄日旺. 债转股的法律分析[D]. 长沙：湖南大学，2001

[9] 金微. 铁道部资产上千万亿，4.3万亿太低估[EB/OL]. 21世纪网[2014-02-15]. http://www.21cbh.com/HTML/2013-3-14/yOMTI1XzYzOTYyOQ.html

[10] 李光林. 国有企业产权的改造与激励[M]. 海口：南海出版公司，2004

[11] 李红昌. 中国铁路总公司发展战略重点及政策需求研究[J]. 铁道经济研究，2013（04）

[12] 李克强. 深挖国内需求潜力 积极调整改革需求结构[EB/OL]. 新华网[2016-03-15]. http://news.xinhuanet.com/politics/2016lh/2016-03/05/c_128775567.htm

[13] 李茜. 铁路企业债权债务管理问题探讨[J]. 经营管理者，2011（2）

[14] 陆欣. 中国铁路总公司负债预测及关键解决途径研究[D]. 北京：北京交通大学，2014

[15] 刘大玲. 我国铁路债务融资及风险防范分析[J]. 现代商贸工业，2012（01）

[16] 刘朝晖. 我国铁路货运体制改革与发展的研究[D]. 成都：西南交通大学，2005

[17] 马克思. 资本论（1-3卷）. 北京：人民出版社，1991

[18] 乔蛟，朱子. “狗不理”有人理——狗不理包子饮食集团国有产权拍卖记述[J]. 产权导刊，2005（04）

[19] 全国人大常委会. 中华人民共和国公司法 [Z/OL]，2013

[20] 钱颖一. 企业的治理结构改革和融资结构改革[J]. 经济研究，1995（01）

[21] 荣朝和，武剑红. 我国铁路债务危机处置与加快铁路改革的思路[J]. 综合运输，2012（ 01）

[22] 荣朝和，武剑红. 我国铁路债务及其处置[J]. 中国金融，2012（05）

[23] 荣朝和，武剑红. 铁路债务处置应与改革同步进行[N]. 金融时报. 2012-02-06（011）

[24] 石俊志. 商业性债权转股权法律研究[M]. 北京：中国检察出版社，2005

[25] 铁道党校课题组，林森，石云鸣. 加强专业技术人才队伍建设为铁路改革发展提供人才保障[J]. 理论学习与探索，2014（06）

[26] 王玉珍. 国有企业资本结构制度分析 [M]. 北京：中国经济出版社 ，1999

[27] 王少聪，吕君. 德国铁路民营化改革的经验及启示[J]. 辽宁行政学院学报，2006（10）

[28] 吴晓灵. 中国金融体制改革30年回顾与展望 [M]. 北京：人民出版社 ，2008

[29] 魏杰. 面对资本之翼[M]. 北京：中国发展出版社，1999

[30] 魏际刚. 新时期深化铁路体制改革思路研究[J]. 发展研究，2016（03）

[31] 汪可. 大数据路径下铁路突发事件舆情研究[D]. 武汉：华中师范大学，2015

[32] 徐中亮. 债权股权化问题研究[D]. 重庆：西南政法大学，2004

[33] 袁欣，张秋生. 美国铁路公司并购史分析[J]. 生产力研究，2011（2）

[34] 杨晟，曹钟勇. 我国铁路债务问题分析[J]. 上海铁道大学学报(理工辑)，2000（ 12）

[35] 应晓慧. 铁路债务问题比较研究[D]. 北京：北京交通大学，2015

[36] 羿秀辉. 铁路企业加强债权清理的研究与探讨[J]. 新财经:理论版，2012（7）

[37] 左大杰，张瑞婷，李斌，等. 中国铁路亟需综合改革方案[J]. 综合运输，2016（03）

[38] 左大杰. 铁路网运分离的必要性与实施路径[J]. 综合运输，2013（07）

[39] 中国铁道科学研究院科学技术信息研究所. 日本铁路[EB/OL]. 国家铁路局[2014-11-18]. http://www.nra.gov.cn/fwyd/zlzx/jwtlxx/jytddt/201309/t20130917_2579.htm

[40] 朱益东. 基于中国铁路债务可持续性的铁路债券融资研究[D]. 北京：北京交通大学，2014

[41] 中国铁路赴法考察团.法国铁路改革考察.中国铁路，2001（03）

[42] 张健，王金林. 日本两次跨世纪的变革[M]. 天津：天津社会科学院出版社，2000

[43] 张文杰. 中国铁路总公司融资渠道问题研究[D]. 天津：河北工业大学，2014

后 记

本书是中国铁路改革系列丛书中的一本，主要涉及铁路债务处置研究。

从20世纪70年代末启动的中国经济变革，正在世界范围内发生深远的影响，并持久地吸引了全世界的目光，曾经是经济体制改革中心环节的国企改革，无疑是最为精彩的篇章。如果说改革是从没有路的地方走出来的，中国的国企改革则更是经历了上下求索、攻坚克难的曲折过程，至今尚未到达他的终点，有些问题甚至还在争议中。不过总体来说，国有企业改革发展取得了重大成就，总体上已与市场经济相融合，现代企业制度建设取得了显著成效，为增强我国综合实力做出了重大贡献。但是仍然存在一些亟待解决的问题和突出矛盾。本书是中国铁路改革系列丛书中的一本，主要涉及铁路债务处置研究。

本书的研究重点是结合铁路体制改革，从全民所有制企业到国有独资公司到混合所有制企业的变革中，如何通过四种债务处置手段“债务免除”、“转增基本金”、“债转股”以及“产权（股权）流转”处理铁路巨额债务。研究过程大量参考国家出台的相关政策，例如《中共中央关于全面深化改革若干重大问题的决定》《中共中央、国务院关于深化国有企业改革的指导意见》等。并且收集众多国有企业处理自身债务实例，再总结经验与教训，最后给出铁路债务处理的具体思路，包括“债务免除”、“转增基本金”、“债转股”以及“产权（股权）流转”的实施途径与思路。

总体来说，本书内容丰富，涉及面广，政策性极强，实践价值高，写作难度很大。但是，考虑到当前铁路改革发展的严峻形势，迫切需出版全面深化铁路改革系列丛书以表达作者的思考与建议。该系列丛书的初衷在于试图构筑全面深化铁路改革的完整体系，而对于若干个关键问题的阐述可能还不够深入，甚至存在不少错误之处，恳请专家与读者提出宝贵意见和建议，以便再版时修改、完善。

最后，本书付梓之际，感谢所有关心本书、为本书作出贡献的专家、学者以及铁路相关领导同志。

作者

2017年6月